Leere Kassen – neue Lasten

Nikolaus Kimla

Leere Kassen
Neue Lasten

Strategien gegen die Überforderung der Klein- und Mittelbetriebe

Molden

ISBN 978-3-85485-255-1

Buchgestaltung: Bruno Wegscheider
Coverfoto: © 2007 Christine Glade
Lektorat und Herstellung: Marion Mauthe
Druck: CPI BOOKS GmbH, Pohořelice

Inhalt

Zum Geleit

Vor genau hundert Jahren schrieb Franz Oppenheimer, ein sozialistischer deutscher Nationalökonom, dass es zwei entgegengesetzte Wege gibt, um für das eigene Dasein zu sorgen: Arbeit und Raub. Zu ersterem zählte Oppenheimer die „eigne Arbeit", die er als „ökonomisches Mittel" bezeichnete; zum zweiten die „gewaltsame Aneignung fremder Arbeit", die er „politisches Mittel" nannte. Sich des ökonomischen Mittels zu bedienen bedeutet, anderen Menschen Produkte oder Dienstleistungen anzubieten, die diese aus freien Stücken kaufen können oder eben nicht kaufen wollen. Sich des politischen Mittels zu bedienen läuft hingegen darauf hinaus, sich von all dem, was andere Leute mit Hilfe des ökonomischen Mittels erwirtschaftet haben, einen mehr oder weniger großen Anteil zu holen – und das letztlich unter Einsatz des staatlichen Gewaltmonopols. Der ökonomische Weg setzt einen Dialog mit dem Kunden über Qualität, Preis oder sonstige Leistungsbedingungen voraus. Beim politischen Weg legt dies im Regelfall der „Anbieter" einseitig fest.

Ob sie es will oder nicht: Die mittelständische Wirtschaft alimentiert zu einem großen Teil direkt oder indirekt den Staat und sein Füllhorn (den anderen großen Teil, der zur Alimentierung des Staats notwendig geworden ist, hat man hinterhältigerweise der nächsten Generation als Schulden angeschrieben). Die mittelständische Wirtschaft ist ein bedeutender Arbeitgeber, ein maßgeblicher Beitragsleister zum Steuer-, Gesundheits- und Sozialsystem und eine wichtige Ausbildungsstätte für die gewerblichen Berufe. Sie ist das Rückgrat der so genannten Wohlstandsgesellschaft. Wohl leisten auch die Transferleistungsbezieher (Beschäftigte im öffentlichen Dienst, Pensionisten und Pensionistinnen, Bezieher von Arbeitslosenunterstützung und Notstandsgeld) Steuern und Abgaben, doch letzten Endes trägt die Finanzierungslast dafür der Steuerzahler aus der Privatwirtschaft, oder eben die nächste Generation. Viele Transferleistungsbezieher fühlen sich deshalb gar nicht als „Steuerzahler" und können sich auch nicht vorstellen, was es bedeutet, Steuern leisten zu müssen.

Diese offensichtliche Verwerfung im Leistungsprofil eines Landes spitzt sich in Österreich seit Jahren dramatisch zu. Mehr als die Hälfte der Wähler und Wählerinnen lebt inzwischen ausschließlich von der öffentlichen Hand, Tendenz steigend. Ein derart ungünstiges Verhältnis erklärt auch, warum in der öffentlichen Diskussion über Einkommen und deren Höhe der Unterschied zwischen „verdienen" und „bekommen" gar nicht mehr angesprochen wird; oder warum derart ängstlich und besitzstandswahrend der Vorrang des Politischen vor der Wirtschaft gefordert wird. Genau deshalb spielt auch die Frage der Wohlstandsverteilung die vorherrschende Rolle. Und das ist auch der Grund dafür, warum die Diskussion über die Sicherung und den Ausbau des Industrie- und Wirtschaftsstandorts kaum an wirklicher Tiefe und Breite gewinnt. Die pointierte Formulierung von Oppenheimer hilft uns diesbezüglich zu verstehen, dass „Räuber" stets mehr Interesse an der Aneignung als an den Mühen der Herstellung von Gütern haben.

Diese Haltung wird indirekt durch eine vulgärökonomische Sichtweise unterstützt, die sich in den letzten Jahrzehnten in der Nomenklatura der so genannten Wohlstandsländer einen festen Platz erobert hat. Ökonomen wie Josef A. Schumpeter, John Maynard Keynes oder John Kenneth Galbraith haben dazu beigetragen, uns tatsächlich Glauben zu machen, dass aus dem Nichts Kaufkraft geschaffen werden könne, mit Konsum eine Gesellschaft reicher würde oder die Gesellschaft in einem natürlichen Überfluss lebe und es nur um eine „gerechte" Distribution gehe.

Vor diesem Hintergrund kommt der mittelständischen Wirt-

schaft eine äußerst undankbare Rolle zu. Wider ihren Willen ist sie zu einem Lastesel geworden, dem vielfältige finanzielle Bürden auferlegt werden. Zusätzlich ist sie einem höchst verteilungsfreudigen, aber sonst eher produktionsfeindlichen gesellschaftspolitischen Umfeld und somit einem permanenten Legitimierungsdruck ausgesetzt. Es ist davon auszugehen, dass sich die mittelständischen Unternehmer gegen diese völlige Verkennung ihrer Bedeutung und Funktion allein werden zur Wehr setzen müssen, da sie von ihren gesetzlichen Interessenvertretungen nur beschränkt Unterstützung erhalten. Denn systemisch betrachtet sind die Wirtschaftskammern mit ihren Zwangsmitgliedschaften letztlich Repräsentanten des „politischen Mittels“: Sie sehen ihr Geschäft nicht darin, den „Raub“ im Sinne Oppenheimers zu verhindern, sondern ihn vielmehr (ungefragt) zu moderieren.
Nikolaus Kimla hat im vorliegenden Buch mit der unmittelbaren Erfahrung eines Praktikers die vielfältigen Aufgaben der mittelständischen Unternehmer aufgezeigt und viele Facetten ihrer unverzichtbaren Bedeutung für das gesamte politische und gesellschaftliche Umfeld eindringlich dargestellt. Dass Kimla selbst aktiver Unternehmer ist, verleiht dem Buch eine fachkundige Authentizität und lässt uns wünschen, dass noch mehr Wirtschaftstreibende auf dem Markt der Meinungen reüssieren, um diesen Markt nicht gänzlich den Repräsentanten der „politischen Mittel“ zu überlassen.

Herbert Unterköfler/Eugen Maria Schulak

Vorwort

Die überaus positiven und zahlreichen Rückmeldungen auf mein Buch *Die IT-Revolution,* in dem ich schwerpunktmäßig die Bedeutung der IT für den Unternehmenserfolg von klein- und mittelständischen Unternehmen[1] thematisiert habe, sind mir Motivation genug, um mich im vorliegendem Buch mit weiteren Herausforderungen auseinanderzusetzen, vor denen mittelständische Unternehmen heute stehen. Bereits *Die IT-Revolution* hat die enorme Breite und Vielfalt an Problemstellungen deutlich gemacht, mit welchen Klein- und Mittelbetriebe heute zu kämpfen haben. Die Palette reicht von der Bürokratie-, Steuer- und Abgabenlast über den Fachkräftemangel bis hin zu gravierenden Finanzierungsproblemen.

Im Zug der Finanzmarkt- und Wirtschaftskrise konnten wir in vielen Wortmeldungen aus Politik und Gesellschaft eine neue Rhetorik hören, die uns ein „Zurück“ zu mittelständischem Wirtschaften und zu den Werten des Mittelstands verordnet hat. Die Botschaft hört man als mittelständischer Unternehmer wohl – allein es fehlt der Glaube an ihre Umsetzung.

Denn in der Praxis ist leider genau das Gegenteil zu beobachten: Der Druck auf die mittelständischen Unternehmen wächst und wächst. Über die systemerhaltenden Leistungen der Klein- und Mittelbetriebe wie Beschäftigung, Steuern und Abgaben hinaus wird von ihnen die Erfüllung eines überaus breiten gesellschaftlichen Leistungskatalogs verlangt.

Es reicht schon lang nicht mehr, wenn Unternehmen wirtschaftlich erfolgreich sind, Arbeitsplätze bieten und Steuern zahlen. Sie sollen auch soziale Verantwortungsträger, Gesundheitsdienstleister, Demografiemanager und vieles mehr sein. Die gesellschaftlichen Ansprüche an Unternehmen nehmen immer stärker zu. Wann ist das Ende der Fahnenstange erreicht?

Parallel dazu wird das gesellschaftliche Klima immer wirtschafts- und unternehmerfeindlicher. Manager- und Unternehmer-Bashing[2] ist zum verbalen und medialen Volkssport geworden. Wer sich zum Gewinnemachen bekennt – sofern er es sich überhaupt noch getraut –, steht unter „neoliberalem"[3] Generalverdacht. Denn Arbeitnehmer-Interessenvertreter haben längst den Klassenkampf aus der ideologischen Klamottenkiste ausgepackt.

So kann es nicht weitergehen. Die mittelständische Wirtschaft steht an einem Wendepunkt. Wird die Anspruchsschraube weiter zugedreht, droht in absehbarer Zeit der Kollaps des Systems. Natürlich wird es dann weiterhin mittelständische Unternehmen geben. Aber ihre wirtschaftliche Leistungskraft wird sich in Grenzen halten und zwar in jenen, die Ergebnisse der steigenden Ansprüche und Regulierungen sind.

Das vorliegende Buch will konkret aufzeigen, wo und wie wir unsere mittelständischen Leistungsträger systematisch überfordern. Wo akuter Handlungsbedarf besteht, und wo wir rasch umdenken müssen, um die Leistungen der Klein- und Mittelbetriebe für die Zukunft zu sichern. Es will aber auch aufzeigen, wo für Klein- und Mittelbetriebe selbst neue Chancen liegen, etwa im Wissensmanagement, in der IT-Unterstützung und in neuen Netzwerken.

Dieses Buch ist aus einer mittelständischen Perspektive heraus verfasst, die sich zu Freiheit, Eigentum, Eigenverantwortung und Unternehmergeist bekennt.[4] Das sind die Werte, über die infolge der Finanzmarkt- und Wirtschaftskrise viel gesprochen wird. Wir müssen daran arbeiten, dass diese Werte in Zukunft auch gelebt werden können.

Nikolaus Kimla, Oktober 2009

Einleitung

Der überforderte Mittelstand

Die Finanz- und Wirtschaftskrise hat es gezeigt: Große Unternehmen können sich meistens darauf verlassen, vom Staat gerettet zu werden. Wer als „systemrelevant" gilt, darf sich sicherer fühlen.[5] Aber was ist mit den Klein- und Mittelbetrieben? Eigentlich sind gerade sie die systemrelevanten Unternehmen, denn sie erwirtschaften österreichweit einen Gesamtumsatz von 315 Milliarden Euro, stellen 65 Prozent der Arbeitsplätze und bilden 85 Prozent der Lehrlinge aus.[6] Mit ihren Leistungen sorgen sie für Beschäftigung und für Steuern und Abgaben, von welchen die gesamte Gesellschaft profitiert.

Die „Renaissance" der Klein- und Mittelbetriebe

Die Verwerfungen der Finanzmarkt- und Wirtschaftskrise haben dazu geführt, dass Entscheidungsträger aus Politik und Gesellschaft den Blick wieder auf die Klein- und Mittelbetriebe gelenkt haben. Es gab im Jahr 2009 kaum einen Leitartikler, der nicht die Werte und Wirtschaftskultur des Mittelstands beschworen hätte – als Vorbild für „richtiges" Wirtschaften jenseits von Spekulationsblasen und toxischen Papieren. Es gab auch kaum einen Politiker, der nicht die internationalen Finanzspekulationen verteufelt und auf die Wichtigkeit der Klein- und Mittelbetriebe als Kern der „Realwirtschaft" verwiesen hätte.

Richtiger Befund

Der Befund stimmt. Mit Finanzprodukten, die Risiken scheinbar wegzaubern und die deshalb auch niemand mehr versteht – nicht einmal jene, die sie verkaufen –, lässt sich nicht seriös wirtschaften. Dass man das vielversprechende Kind des Kapitalmarkts in Ländern wie Österreich gleich mit dem Bade ausschüttet, ist allerdings auch nicht der richtige Weg. Gerade die klassische Kreditfinanzierung setzt den Unternehmen schließlich enge Grenzen und verhindert zum Beispiel, dass riskante, aber eben hochinnovative Produkte finanziert werden können. Dass das mittelständische Unternehmertum nicht das Problem, sondern die Lösung ist, darüber herrscht unter Entscheidungsträgern ein breiter Konsens. Zumindest verbal.

Der Druck wächst

Die Praxis ist leider eine andere. Denn die staatlichen und gesellschaftlichen Belastungen der Klein- und Mittelbetriebe nehmen aller Entlastungsrhetorik zum Trotz weiter zu. Der Mittelstand, der schon bisher unter starkem wettbewerblichem und auch staatlichem Regulierungsdruck steht, wird weiter belastet. Er wird in Bereichen, wo er dringend Unterstützung bräuchte, im Regen stehen gelassen.
Heute mittelständischer Unternehmer zu sein heißt, sich mit aller Kraft gegen eine Decke zu stemmen, um deren Einbruch zu verhindern. Jene, die man dadurch schützt, helfen dabei aber nicht mit. Im Gegenteil: Sie hängen sich an Armen und Beinen fest – und machen die Last dadurch noch schwerer. Solang man die Last aushält, geht es noch allen gut. Wird sie zu schwer, bricht alles zusammen.

Am Wendepunkt

Unsere mittelständische Unternehmenskultur steht an einem Wendepunkt. Einerseits steht fest, dass wir sie in Zukunft mehr denn je brauchen werden. Das gilt für ihre Innovations-, Wachstums- und Beschäftigungspotenziale. Das gilt aber natürlich auch für ihre Steuer- und Abgabenleistungen, auf die Staat und Gesellschaft existenziell angewiesen sind. Wir brauchen die Wirtschaftskraft der Klein- und Mittelbetriebe stärker denn je.
Andererseits gilt: Die Anspruchsschraube an Klein- und Mittel-

betriebe wird immer stärker zugedreht. Das nimmt den Betrieben die Luft zum Atmen. Das verhindert, dass sie sich auf ihr – volkswirtschaftliches – Kerngeschäft konzentrieren können. Das mindert ihre Innovationskraft. Das schmälert ihre Gewinnaussichten. Und damit auch ihre Steuer- und Abgabenleistungen. Wer die Anspruchsschraube für Klein- und Mittelbetriebe weiter und weiter dreht, der sägt am Ast, auf dem wir schließlich alle sitzen.

Immer mehr Ansprüche

Viele mittelständische Unternehmer sind sich der Anforderungen noch gar nicht bewusst, die auf sie zukommen. Die Ansprüche daran, was Unternehmen alles leisten sollen, haben schon lang den Kern unternehmerischer Tätigkeit verlassen. Ein kurzer Überblick über die Ansprüche, die von Staat und Gesellschaft massiv gestellt werden:

- *Mehr Steuern & Abgaben:* Das steigende Haushaltsdefizit ist nicht nur dem Kampf gegen die Krise, sondern auch verantwortungslosen Wahlgeschenken zu verdanken. Wenn die Krise endgültig vorbei ist, wird dafür jemand zur Kasse gebeten werden. Es wird sich erwartungsgemäß um den Mittelstand handeln, der bereits heute die Hauptlast der Steuern trägt. Ohne Richtungsänderung wird die Steuerlast für Klein- und Mittelbetriebe weiter wachsen
- *Mehr soziales Engagement:* Geht es nach dem gesellschaftlichen Mainstream, reicht es nicht, wenn Unternehmen Gewinne machen. Sie sollen auch die besseren Sozialorganisationen sein. *Corporate Social Responsibility* (CSR) droht, zum verpflichtenden Staatsauftrag für Klein- und Mittelbetriebe zu werden.
- *Mehr Bildung und Ausbildung:* Viele Klein- und Mittelbetriebe klagen darüber, dass das Schulsystem Absolventen „produziert“, die als Lehrlinge oder Mitarbeiter nicht einsetzbar

sind. Mangelhafte Deutschkenntnisse, ein problematisches Sozialverhalten, grundlegende Wissenslücken – das stellt viele Unternehmen vor große Herausforderungen. Wenn sie trotzdem Nachwuchskräfte einstellen wollen, bleibt Klein- und Mittelbetrieben nichts anderes übrig, als die Bildungsdefizite des staatlichen Schulsystems wettzumachen. Unternehmer sollen offenbar künftig auch die besseren Lehrer sein, weil das Bildungssystem versagt.

- *Mehr Gesundheit:* Das staatliche Gesundheitssystem steckt in einer veritablen Finanzkrise – ohne strategische Zukunftsperspektiven. Neben massiven Zuschüssen aus dem Steueraufkommen werden aber auch die Unternehmer in die Pflicht genommen. Betriebliche Gesundheitsförderung ist für sie selbst ein wichtiges Thema. Den Unternehmern droht aber unter dem Schlagwort des betrieblichen Gesundheitsmanagements die Präventionsmedizin „umgehängt" zu werden. Das entlastet den Staat. Und belastet die Betriebe.
- *Mehr Bürokratie:* Bürokratie und Berichtspflicht an den Staat lähmen unternehmerisches Engagement und kosten die Unternehmen viel Geld. Es gibt keine substanziellen Maßnahmen, damit Unternehmen nicht weiterhin die verlängerte Schreibstube des Beamtenapparats sind. Unternehmer werden dadurch systematisch daran gehindert, sich ihrem Kerngeschäft widmen zu können.
- *Mehr Finanzierungsengpässe:* Die Finanzierungsmöglichkeiten für KMU sind nicht nur angesichts der Finanzmarktkrise, sondern auch angesichts der vorherrschenden Fremdkapital-Kultur in Verbindung mit Basel II beschränkter denn je. Das zarte Pflänzchen privaten Beteiligungskapitals ist schon fast wieder verdorrt, und oft klemmt der Kredithahn der Banken gegenüber Klein- und Mittelbetrieben. Damit bleiben Expansion und Innovation auf der Strecke. Zu Lasten des gesamten Standorts.
- *Mehr Fachkräftemangel:* Die demografische Entwicklung ist Faktum. Ihre Bewältigung wird den Unternehmen über-

lassen. Die Nachfrage nach qualifizierten Fachkräften steigt und steigt. Wird der Fachkräftebedarf nicht gedeckt, drohen Auftrags- und Umsatzverluste. Doch der Staat hat keine *Human-Resources*-Strategie für den Standort Österreich. Fachkräfte aus dem Ausland dürfen in viel zu geringem Ausmaß in Österreich Fuß fassen. Die Klein- und Mittelbetriebe zahlen die Zeche für arbeitsmarktpolitischen Protektionismus. Dazu kommt ein weiteres Problem: Die demografische Entwicklung macht es notwendig, das Potenzial der älteren Arbeitskräfte zu aktivieren. Arbeitsmarktpolitisches Demografiemanagement ist gefragt. Doch den Unternehmen ist es auf Basis der geltenden Gesetze kaum möglich, ältere Arbeitskräfte zu behalten und flexibel weiterzubeschäftigen.

Was tun?

Diese beispielhafte Aufzählung zeigt: Die Anspruchsschraube an den Mittelstand dreht sich unerbittlich weiter fort. Was kann man dagegen tun? Es geht darum, die klein- und mittelständischen Unternehmen von Lasten zu befreien. Dazu braucht es vor allem eins: das entsprechende *Mindset*. Wir müssen unser Verhältnis zum Mittelstand neu überdenken. Wir müssen den Kern der mittelständischen Leistungen für unsere Gesellschaft freilegen. Und die Unternehmen dabei unterstützen, diese Leistungen mehr denn je zu erbringen. Das ist die Grundlage dafür, dass die vielzitierte „Renaissance“ der mittelständischen Wirtschaftskultur gelingt. Sonst bleibt sie nur ein leeres Schlagwort.

Gefordert sind alle *Stakeholder*: Entscheidungsträger in Politik und Gesellschaft, aber auch die mittelständischen Unternehmer selbst. Sie müssen sich ihrer Leistungen und ihrer Bedeutung viel stärker bewusst werden – und dieses Bewusstsein auch nach außen hin deutlich machen.

Die Herausforderungen der Zukunft lassen sich nicht mit mehr

Staat, sondern nur mit mehr Mittelstand bewältigen. Nur eine Wirtschaftskultur, die auf Freiheit, Leistung und Eigenverantwortung basiert, kann Wertschöpfung und Chancen für die Zukunft sichern. Welche Herausforderungen und Perspektiven sich für die mittelständischen Unternehmen konkret ergeben, ist Gegenstand der nachfolgenden Kapitel.

Kapitel 1

Die Lasten wachsen

„Es sind nicht unsere Füße die uns weiterbewegen, es ist unser Denken."

Altes chinesisches Sprichwort

„Die meisten Menschen haben keinerlei Ahnung davon, was Unternehmer-Risiko in der Marktwirtschaft bedeutet. Die faktische, materielle, psychologische, emotionale, soziale und existenzielle Vernichtungsdimension dieser Risiken kann ihnen nicht bewusst sein, da sie zwingend an eigene Erfahrung gebunden ist."

Roland Baader

„Es liegt in der Natur des Menschen, Informationen in die Richtung der erwünschten Rückschlüsse zurechtzubiegen."

John Naisbitt

„In Europa hingegen herrscht das Denken, es obläge der Regierung, dafür zu sorgen, dass niemand gekündigt wird und neue Jobs durch staatlich geförderte Projekte zustande kommen."

John Naisbitt

Der wirtschaftliche „Motor“ der Klein- und Mittelbetriebe (KMU) wird gern in politischen Sonntagsreden quer durch alle Parteien beschworen. Gerade im Zug der Finanzmarkt- und Wirtschaftskrise scheint sich ein neues Bewusstsein über die Bedeutung der Klein- und Mittelbetriebe durchzusetzen. Viel ist da davon die Rede, dass wir zurück zum Kern unseres Wirtschaftssystems kommen müssen, das nun einmal auf den KMU basiert. Nicht die internationalen „Heuschrecken“ in Form internationaler Konzerne und Investoren, sondern die „fleißigen Bienen“ der Klein- und Mittelbetriebe haben Chancen, weil nur sie unsere Zukunft sichern. Zumindest verbal ist eine Renaissance der mittelständischen Wirtschaftsweise und Wirtschaftswerte zu beobachten. Der notwendige Neustart sei nur durch die Stärkung von Eigeninitiative und Mittelstand möglich, hört man immer wieder. Die Praxis zeigt jedoch ein anderes Bild.

Klein- und Mittelbetriebe unter Druck

Sowohl unser Steuer- und Abgabensystem als auch die bürokratische Regulierung nehmen den Unternehmen die Luft zum Atmen. Von der hohen Gesamtabgabenquote in der Höhe von 42,2 Prozent ist vor allem der Mittelstand betroffen. Denn rund 48 Prozent der österreichischen Einkommensbezieher, rund 2,7 Mio Menschen, zahlen überhaupt keine Steuern mehr. Die obersten 10 Prozent der Einkommensbezieher tragen hingegen enorme 58 Prozent der Steuerlast.[7] Diese Verteilung ist in höchstem Maß ungerecht.

Das System der Steuerprogression dreht die Steuerschraube bei jenen, die mehr leisten, überproportional höher. Das ist leistungs- und mittelstandsfeindlich. Denn dort, wo die Menschen das Gefühl haben müssen, ihr Einsatz und ihre Leistung werden vom Staat bestraft, entsteht ein Klima des Desinteresses an überdurchschnittlicher Leistung. Kluge Köpfe suchen sich andere Standorte für ihr Wirken. Und zwar solche, die mit leistungsfreundlichen *Flat-Tax*-Regimen signalisieren, dass unternehmerisches Engagement bei ihnen höchst willkommen ist.[8]

Die Gerechtigkeitslücke wächst

Mit der hohen Steuer- und Abgabenlast ist aber auch noch ein weiteres problematisches Momentum verbunden. Denn die Steuern werden im Namen der Umverteilung eingehoben. Österreich verfügt im internationalen Vergleich über eine der höchsten Umverteilungsquoten. Enorme 28,5 Prozent des Bruttoinlandsprodukts werden für Sozialausgaben verwendet. In Sachen Umverteilung ist eine weitere Steigerung keineswegs wünschenswert. Denn bei Umverteilung handelt es sich in der Praxis um eine kalte Enteignung von erwirtschaftetem Eigentum durch den Staat. Die Frage ist, bis zu welchem Prozentsatz diese Enteignung im Namen der sozialen Gerechtigkeit akzeptabel ist. Ein Anteil von 50 Prozent erscheint als Obergrenze zweifellos zu hoch, ein Anteil von nicht mehr als einem Drittel sollte als wirtschafts- und sozialpolitisches Ziel außer Streit gestellt werden.

Besondere Lasten

Während große Unternehmen und internationale Konzerne aufgrund ihrer Mobilität und „Ubiquität" eine Vielfalt an Möglichkeiten haben, Steuerzahlungen massiv zu reduzieren bzw. zu verhindern, gilt das für mittelständische Unternehmen meist nicht. Sie werden von der Steuerlast voll getroffen, die manche im Zug einer absurden „Reichensteuer"-Diskussion noch weiter erhöhen wollen.

Dabei wird übersehen, dass sich viele Klein- und Mittelbetriebe die Steuer- und Abgabenlast gar nicht mehr leisten können.

Sie müssen viel Engagement und Aufwand in Konstruktionen stecken, um die steuerliche Belastung in finanzierbaren Grenzen zu halten. Sie werden zum Weg in die Schattenwirtschaft gezwungen, die aufgrund der Auswirkungen der Wirtschaftskrise noch weiter aufblühen wird.
Der Ökonom Friedrich Schneider[9] erwartet etwa, dass der Umsatz der Schattenwirtschaft in Österreich 2009 um fünf Prozent auf 20,5 Mrd. Euro ansteigen wird. Das sind über sieben Prozent des Bruttoinlandsprodukts (BIP). Die Nachfrage nach der Schattenwirtschaft steigt: Laut einer Umfrage des Linzer Meinungsforschungsinstituts *Market* vom Dezember 2008 geben 14 Prozent an, in ihrem Haushalt mehr durch Pfuscher erledigen lassen zu wollen, zehn Prozent wollen selbst mehr pfuschen. Das Verständnis in der Bevölkerung dafür ist groß: Je 54 Prozent stimmen den Aussagen „Ohne Pfuscher kann man sich heute vieles nicht leisten" und „Der Staat ist doch selbst schuld, dass es so viele Pfuscher gibt, die Steuern sind einfach zu hoch" zu. Die Steuerschraube, die dem Mittelstand angesetzt wird, fördert nicht mehr gesellschaftliche Solidarität, wie dies die Umverteilungstheoretiker meinen, sondern das Gegenteil: gesellschaftliche Entsolidarisierung.

Mythos „soziale Gerechtigkeit"

Hinter dem Steuersystem, das dem Mittelstand die Luft zum Atmen nimmt, stehen der Mythos der „sozialen Gerechtigkeit" und das überkommene Paradigma der „Gerechtigkeit als Gleichheit". Es ist alles andere als gerecht, mittelständischen Unternehmen unter Verweis auf eine herzustellende „soziale Gerechtigkeit" im Übermaß zur (Staats-)Kasse zu bitten. „Soziale Gerechtigkeit" heißt nicht, dass in Bezug auf die individuellen Lebens- und Einkommenschancen durch einen Umverteilungsstaat Ergebnisgerechtigkeit geschaffen und deshalb der Mittelstand belastet wird.

Ich habe bereits in meinem Buch *Die IT-Revolution* darauf hingewiesen, dass Gerechtigkeit ein Thema ist, das die Gesellschaft wieder stärker bewegt, aber dass es dabei meistens um Ergebnisgerechtigkeit – die Neidgesellschaft lässt grüßen – geht, nicht um die wichtige Startgerechtigkeit.

Der Mythos der „sozialen Gerechtigkeit" als Ergebnis von Umverteilung fußt auf einem philosophisch und politisch falschen Paradigma: vom Paradigma der Gerechtigkeit als Gleichheit. „Warum eigentlich Gleichheit?", fragen die philosophischen Kritiker des Egalitarismus[10] zu Recht. Sie bezweifeln, dass mehr Gleichheit mehr Gerechtigkeit schaffe – im Gegenteil. Die Gleichheitsorientierung der Politik habe zu mehr Ungerechtigkeit geführt, kritisieren sie. Konkret nachvollziehbar wird diese Kritik dann, wenn man sie auf den Mittelstand bezieht, der materielles Opfer des Gleichheitsparadigmas ist. Er muss ungerechterweise für mehr Gleichheit im Namen der Gerechtigkeit zahlen.

Ein neues Paradigma

Im Interesse des Mittelstands ist daher dringend ein Paradigmenwechsel geboten. Das Steuersystem darf nicht länger als Institution für mehr Gleichheit in der Gesellschaft gesehen und genutzt werden, sondern es sollte Ausdruck des Paradigmas sein, dass jene, die von unserer gesamten gesellschaftlichen Infrastruktur – vom Bildungssystem bis zum Rechtssystem – offenkundig stärker profitieren können, indem sie ein höheres Einkommen erzielen, auch stärker als andere zu deren Finanzierung beitragen.

Zur Diskussion zu stellen ist auch der Paradigmenwechsel hin zu einem System der *Flat Tax,* wie es in osteuropäischen Staaten mit Erfolg praktiziert wird und dort sogar zu einer Erhöhung des Steueraufkommens geführt hat.

Eine dritte Entlastungsperspektive eröffnet der Vorschlag, dass

Unternehmen in Hinkunft überhaupt keiner Unternehmensbesteuerung mehr unterliegen sollen. Damit würde nicht nur Fairplay zwischen internationalen Konzernen und klein- und mittelständischen Unternehmen geschaffen, damit würde auch die Kaskade der Steuerlasten durchbrochen, die mittelständische Unternehmer überwinden müssen: Schließlich stecken sie bereits versteuertes Geld in ihr Unternehmen, dessen Betriebsergebnisse sie versteuern, um aus dem Rest Gehälter zu zahlen, die dann ebenfalls wieder versteuert werden müssen und mit Abgaben behaftet sind.

Das sind Themen, mit denen sich eine ernsthafte Steuerdebatte in Österreich beschäftigen müsste – und nicht mit populistischen „Reichensteuer"-Debatten infolge verlorener Wahlen.

Wer bezahlt die Krise?

Die Zeichen für eine kluge Steuerdebatte stehen schlecht: Gegenwärtig wächst der politische Druck zu mehr Umverteilung, weil die Kosten der Finanzkrise und der zur Bekämpfung der Krise exorbitant angewachsenen Staatsschulden finanziert werden müssen. Allein zur Bedienung der Zinsenlast der Staatsschulden muss Österreich etliche Milliarden Euro ausgeben. Das ist Geld, das den Klein- und Mittelbetrieben für Zukunftsinvestitionen fehlt. Es zeichnet sich leider ab, dass auf die Frage, wer die Kosten der Krise und ihrer Bekämpfung zahlen muss, wieder der Mittelstand zum Handkuss gebeten wird. Wir werden in den nächsten Jahren bei Fortsetzung des bisherigen Kurses wohl mit Sparpaketen und mit Steuer- und Abgabenerhöhungen zu rechnen haben, die den Mittelstand voll treffen werden.[11] Auch Geldentwertung in Form von Inflation – Ergebnis der massiven Ausweitung der Geldmenge als Instrument der „Krisenbekämpfung" – wird den Mittelstand schwer treffen.

Das alles bedeutet vor allem eins: Die Handlungsspielräume

des vielbeschworenen „Motors“ Mittelstand werden massiv eingeschränkt. Er wird das, was man von ihm erwartet, immer weniger erbringen können. Das ist nicht nur in wirtschaftlicher, sondern auch in gesellschaftlicher Hinsicht ein gefährlicher Weg in die Sackgasse. Der sozialstaatliche Umverteilungsgedanke schwächt jedenfalls das wichtige Prinzip der Eigenverantwortung. Er gibt das uneinlösbare Versprechen der Versorgung der Menschen, und reduziert mit der Freiheit auch deren Leistungs- und Handlungsspielräume. Das trifft den Mittelstand ganz besonders, für den Freiheit, Eigenverantwortung und Leistung Schlüsselwerte sind. Ähnlich verhält es sich mit einer weiteren Last: der Bürokratie.

Die Bürokratie-Hürde

Nicht nur die Steuerlast nimmt den Klein- und Mittelbetrieben die Luft zum Atmen. Dazu kommen noch die bürokratischen Hürden und Verpflichtungen, die Klein- und Mittelbetrieben auferlegt werden. Aufwändige Betriebsanlagengenehmigungsverfahren sind nur die Spitze des Eisbergs. Vor allem die Berichtspflichten lähmen unternehmerisches Engagement. Staatliche Aufgaben werden auf die Unternehmen abgewälzt. Sinnlose Verordnungen werden exekutiert. Vor lauter Bürokratie hat man immer weniger Zeit, Unternehmer zu sein – zahlt aber zunehmend für deren Kosten.
Bürokratie belastet kleinere Betriebe wesentlich stärker als die Großen. Das belegt laut Wirtschaftskammer eine deutsche Studie über die Bürokratie-Kosten-Belastung pro Beschäftigtem. Diese betragen bei Betrieben mit 500 oder mehr Mitarbeitern 290 Euro und steigen mit Abnahme der Mitarbeiterzahl rasant an. Unternehmen mit 1 bis 9 Mitarbeitern sind mit Bürokratiekosten von mehr als 4.000 Euro pro Mitarbeiter und Jahr belastet. Kleine Unternehmen können sich keinen Expertenstab für die immer komplizierteren Regeln mehr leisten.

Bürokratie ist in Kleinbetrieben meist „Chefsache" – zu Lasten unternehmerischer Aktivitäten. Laut einem Gutachten des „Instituts für Mittelstandsforschung Bonn" besteht für 46 Prozent der befragten Unternehmen ein „starker negativer Zusammenhang zwischen überwälzter Bürokratie und Unternehmergeist". Bürokratie hemmt nicht nur den Unternehmergeist, sondern hemmt Investitionen und vernichtet Arbeitsplätze: Einer weiteren Umfrage zufolge würden bei einer „durchgreifenden staatlichen Entbürokratisierung" etwa 45 Prozent der befragten Unternehmen „mehr investieren" sowie 38 Prozent „mehr Personal einstellen". Diese Ergebnisse bzw. Einschätzungen können auch auf Österreich übertragen werden. In einer Befragung von „Ernst & Young", welche Maßnahmen den österreichischen Mittelstand deutlich stärken würden, gaben 57 Prozent der Befragten an, dass der Bürokratieabbau für sie „sehr wichtig" ist.

Was wirkt gegen Bürokratie?

Die wesentliche treibende Kraft für Bürokratie ist natürlich die Gesetzgebung. Während des vergangenen Jahrzehnts traten im Schnitt knapp 3.400 neue und geänderte Richtlinien, Gesetze, Verordnungen usw. pro Jahr in Kraft. Die EU hat mit ihrer *Better-Regulation*-Initiative begonnen, ihre Regeln kritisch zu hinterfragen. Bis 2012 sollen 25 Prozent der durch so genannte „Informationsverpflichtungen" verursachten betrieblichen Verwaltungskosten reduziert werden. Die österreichische Bundesregierung hat sich dieser EU-Initiative angeschlossen und die Belastungen für die Wirtschaft durch die verschiedensten Informationspflichten erhoben. Die Ergebnisse sind dramatisch: Jährlich unterliegen die österreichischen Unternehmerinnen und Unternehmer 6.000 Informations- und Meldepflichten. Das allein verursacht einen finanziellen Aufwand von bis zu vier Milliarden Euro, was 1,8 Prozent des Bruttoinlandsprodukts Österreichs entspricht. Bis 2012 will man – in Abstimmung mit der EU – 25 Prozent dieser Kosten, also rund eine Milliarde Euro einsparen. Andere bürokratische Lasten, wie Doppelgleisigkeiten, überzogene oder überholte Vorgaben sind bei dieser Berechnung noch gar nicht berücksichtigt. Auch eine Milliarde Euro für Bürokratie ist viel zu viel.

Neue Perspektiven gefragt

Tatsache ist leider: Wo die Bürokratie einzieht, zieht die Wertschöpfung aus. Wo die staatliche Kontrolle und Aufsicht verstärkt wird, hat die unternehmerische Freiheit weniger Handlungsspielräume. Die von der EU-Kommission vorangetriebenen bürokratischen Entlastungen für Unternehmen sind erfreulich und lobenswert. Sie dürfen sich allerdings nicht auf Symptombekämpfung reduzieren.

Der Staat tritt den Unternehmen gegenüber mehr denn je als Kontrollinstanz entgegen. Er macht sich nur scheinbar zum Fürsprecher der Mitarbeiter, indem er etwa via Arbeitsinspektorat Tischneigungen kontrolliert. Als ob die Mitarbeiter nicht selbst wüssten, was für sie die bessere Arbeitsumgebung ist. Als ob die Unternehmer nicht selbst wüssten, dass nur bestmögliche Rahmenbedingungen optimale Leistungen der Mitarbeiter sichern.

Der Weg zu weniger Bürokratie führt nur über einen Paradigmenwechsel hin zu mehr Eigenverantwortung. Dem steht freilich das politisch kultivierte Misstrauen gegenüber dem mittelständischen Unternehmertum entgegen. Das Unternehmertum ist etwas, das kontrolliert und reguliert werden muss, lautet die vorherrschende Meinung. Dass diese Kontrolle und Regulierung die erhofften und erwünschten Ergebnisse unternehmerischen Handelns – nämlich Wachstum, Beschäftigung und Wohlstand – in weiten Bereichen schmälert oder gar verhindert, wird geflissentlich übersehen.

Doch nur ein Mehr an unternehmerischer Freiheit und Verantwortung und damit ein Mehr an Freiheit und Verantwortung für die Mitarbeiter von Unternehmen kann uns tatsächlich die vielbeschworene Renaissance der mittelständischen Wirtschaftsweise und Wirtschaftswerte bringen. Die Lasten, die gegenwärtig den Betrieben durch Steuern und Abgaben über Gebühr und durch eine das unternehmerische Engagement fesselnde Bürokratie auferlegt werden, müssen massiv erleichtert werden. Mit kosmetischen Maßnahmen kommt man hier nicht weit. Wir müssen die Paradigmen ändern und weiterentwickeln, die den staatlichen und gesellschaftlichen Umgang mit dem mittelständischen Unternehmertum prägen. Statt staatlicher Überforderung ist echte Entlastung angesagt.

Kapitel 2

Wie sozial müssen Unternehmen sein?

„Das Wort ‚sozial' als die heiligste Vokabel der Kollektivmoralpharisäer hat im sozialdemokratischen Jahrhundert den Zehn Geboten der Bibel den Rang abgelaufen."

Roland Baader

„Erfolgreiche Unternehmen und Organisationen weisen große Ähnlichkeiten in den gelebten Wertekulturen auf – ebenso wie die nicht Erfolgreichen."

Gregor Schönborn

„Die harte Realität der weichen Faktoren dauerhaft zu negieren, führe mittel- und langfristig zu chronischer Dysfunktionalität."

Andreas Harbig

Die Steuer-, Abgaben- und Bürokratieschraube für Klein- und Mittelbetriebe ist nur ein Teil der steigenden Anspruchslast, die Unternehmen zu tragen haben. Wir erleben derzeit eine Potenzierung der gesellschaftlichen Ansprüche an Unternehmen in vielen Bereichen. Der Druck auf die Betriebe steigt. Es reicht offenbar nicht mehr, dass Unternehmen ihr gesellschaftliches Kerngeschäft erledigen, also Arbeitskräfte beschäftigen und Steuern zahlen. Sie sollen offenbar auch noch gesellschaftliche Dienstleister in sozialen und gesundheitlichen Fragen sein. Auf der einen Seite gibt es bekanntlich Bestrebungen, die wichtige und unterstützenswerte soziale Verantwortung von Unternehmen unter dem Schlagwort *Corporate Social Responsibility* (CSR) zum Pflichtprogramm machen.[12] Auf der anderen Seite sollen die Unternehmen offenbar die Probleme eines unfinanzierbaren Gesundheitssystems durch betriebliche Gesundheitsvorsorge kompensieren – und vor allem finanzieren. Beides sind gesellschaftliche und politische Anspruchshaltungen, die nicht akzeptabel sind.[13]

Leere Kassen – neue Lasten

Ein Motiv dafür ist zweifellos der Druck der leeren Staatskassen – der im Zug der Bekämpfung der Wirtschaftskrise dramatisch angestiegen ist – und in dessen Folge bestimmte gesellschaftliche Aufgaben an jene Leistungsträger delegiert werden sollen, denen man deren Erfüllung aufgrund ihrer enormen Leistungen in anderen Bereichen zutraut – den Unternehmen. Ein anderes Motiv, den Unternehmen weitere Lasten aufzubürden, liegt im wirtschaftsfeindlichen Reflex, die Pflichten und Regulierungen für Unternehmen weiter zu verschärfen und sie staatlich noch besser zu „kontrollieren“. Damit wird aber unternehmerisch verantwortungsvolles Handeln sowohl im Sozial- wie auch im Gesundheitsbereich konterkariert.

Es muss in der Freiheit und Verantwortung der Unternehmen liegen, ob sie sich über ihre Geschäftstätigkeit hinaus sozial engagieren – wofür vieles spricht – und ob sie Mitarbeiter dabei unterstützen, ihre Gesundheit zu erhalten und zu verbessern – wofür ebenfalls vieles spricht. Gegenstand neuer oder zusätzlicher Normierung und Regulierung dürfen beide Bereiche allerdings nicht werden.

Über die Wirtschaft und das Soziale

Es ist wichtig, den Zusammenhang von Wirtschaft und Sozialem in einem größeren Kontext zu sehen. So lässt sich klar differenzieren, was nun Aufgabe der Wirtschaft ist – und was nicht. Zunächst steht außer Frage, dass sich seit dem finalen Zusammenbruch der kommunistischen Planwirtschaft vor 20 Jahren mit dem annus mirabilis 1989 unsere Marktwirtschaft mit all ihren Akteuren aus sich heraus legitimieren muss. Es gibt keinen Systemgegner mehr, aus dessen Ablehnung man eigene Identität schöpfen könnte. Das zukunftsunfähige marxistische Projekt der Planwirtschaft endete in materieller und ideeller Verelendung, doch auch das kapitalistische Modell zog ideelle und ordnungspolitische Defizite nach sich. Insbesondere die Bedeutung und Verantwortung der zentralen Akteure des marktwirtschaftlichen Modells – der Unternehmer – wurde nicht angemessen zum Thema gemacht. Die notwendige gesellschaftspolitische Diskussion über die Marktwirtschaft, ihre Werte und ihre Zukunft wurde nicht in der Quantität und Qualität geführt, die wünschenswert ist.
In der Folge konnten Fehlverhalten und Fehlentwicklungen von Managern und Unternehmen nahezu unwidersprochen der gesamten Wirtschaft schlechtgeschrieben und ein nicht näher definierter „Neoliberalismus“ zum pauschalen Sündenbock gemacht werden (wobei festzuhalten ist, dass gerade Wirtschaftstheoretiker des Neoliberalismus das notwendige

staatliche Regelwerk für die Marktwirtschaft im Vergleich zum klassischen *Laisser-faire*-Liberalismus betonten und einforderten). Die mangelnde Selbstlegitimation des kapitalistischen Modells und die politische Begriffsverwirrung blieben nicht ohne Konsequenzen.

Sozial in der sozialen Marktwirtschaft?

Was fehlt, ist öffentliche Klarheit über die Funktionsweise unseres Wirtschafts- und Sozialmodells der um die soziale Dimension ergänzten Marktwirtschaft. Es fehlt das Bewusstsein dafür, dass dieses Leitbild auf wirtschaftlicher Freiheit und Leistung als Voraussetzung für gesellschaftliche Solidarität, also den Sozialstaat baut.

Die Grundformel unseres Modells lässt sich vereinfacht so auf den Punkt bringen: Die Unternehmen erhalten größtmögliche Freiheit im Rahmen der gesetzlichen Ordnung, um größtmögliche Leistung erbringen zu können, aus deren Besteuerung dann Sozialleistungen finanziert werden. Wer angesichts eines solchen Modells die grundsätzliche Forderung an Unternehmen richtet, „sozialer" zu sein, dem muss entgegnet werden, dass die Unternehmen ihre sozialen Aufgaben in unserer Gesellschaft in ordnungspolitischer Hinsicht erfüllen.

Ganz anders ist die Situation im angloamerikanischen Raum, wo Steuerlast und Umverteilungspflichten für die Unternehmen weitaus geringer sind, wo aber im Gegenzug das soziale Engagement der Unternehmen viel mehr Freiraum und eine feste Tradition hat. Insofern war und ist beim Import der *Corporate-Social-Responsibility*-Debatte nach Europa Vorsicht geboten: Denn unsere Unternehmen würden damit in sozialer Hinsicht schlichtweg doppelt belastet. Sozialstaat und Solidargesellschaft finanzieren – das ist für die Klein- und Mittelbetriebe einfach unmöglich.

Zwei-Klassengesellschaft von Unternehmen

Problematisch erscheint auch, dass der Druck auf Unternehmen, CSR-Aktivitäten umzusetzen oder nachzuweisen, in eine Zweiklassengesellschaft von Unternehmen führen würde. Denn für Großkonzerne ist das Thema CSR eine strukturelle Frage.[14] Eine CSR-Stabstelle im Unternehmen ist schnell verankert. Projekte unter dem Label CSR können rasch realisiert werden. Für Klein- und Mittelbetriebe ist dies aus Kostengründen nicht möglich.

Die Perspektive, dass künftig in der Öffentlichkeit zwischen „guten" und „schlechten" Unternehmen im Sinn einer moralischen Wertung allein aufgrund von CSR-Aktivitäten unterschieden wird, ist überaus fragwürdig. Die Spaltung unserer Wirtschaftslandschaft würde den kleinen und mittleren Unternehmen erhebliche Nachteile bringen. Dabei sind doch gerade sie es, die der Motor unseres Wirtschafts- und Sozialmodells sind.

Keine Alternative zur Freiwilligkeit

Die Bestrebungen von bestimmten Gruppen und Organisationen, den Unternehmen verpflichtende CSR-Aktivitäten vorzuschreiben – von CSR- und Nachhaltigkeits-Berichten bis hin zu Sozialprogrammen – sind bekannt. Das ist mit aller Kraft zu verhindern. Nicht weil es nicht wünschenswert ist, dass sich Unternehmen für soziale Belange einsetzen, sondern weil das Prinzip der freiwilligen Verantwortungsübernahme entscheidend ist. Die Freiwilligkeit muss in jedem Fall gesichert bleiben.

So definiert selbst die Europäische Kommission in ihrem Grünbuch CSR als „Konzept, das den Unternehmen als Grundlage dient, auf freiwilliger Basis soziale Belange und Umweltbelange in ihre Unternehmenstätigkeit und in die Wechselbeziehungen mit den Stakeholdern zu integrieren“. CSR ist kein gesetzgeberisch fixiertes Sozialprogramm, sondern ein Managementansatz, der ökonomische, soziale und ökologische Verantwortung zu einem integralen Bestandteil der Unternehmensstrategie macht. Ob ein Unternehmen diesen Ansatz wählt oder nicht, muss ihm überlassen bleiben.

Soziale Sicherheit ist nicht delegierbar

Allen Versuchen, das Thema CSR zum Gegenstand gesetzlicher Regulierung zu machen, ist daher eine klare Absage zu erteilen. Dies wäre ähnlich absurd wie die Pragmatisierung ehrenamtlich engagierter Personen. CSR ist auch keine Strategie, um die sozialstaatlich verbürgte Solidarität aus Kostengründen auf die Unternehmen umzulenken. Auch das schwebt manchen vor, die das finanziell überbordende Sozialsystem entlasten und deshalb die Unternehmen weiter belasten wollen. Die politische Verantwortung etwa im Bereich der sozialen Sicherheit ist nicht an die Wirtschaft delegierbar. Regierungen und internationale Organisationen müssen nach wie vor ihre Verantwortung wahrnehmen und ihre Aufgaben zur Sicherung von Demokratie, Menschenrechten oder Solidarsystemen einer Region erfüllen.

Zu hinterfragen ist an der CSR-Diskussion auch, dass sie als Projektionsfläche für ganz unterschiedliche Anliegen und Ziele dient. Unter das Schlagwort CSR werden traditionelle Charity-Aktivitäten ebenso subsummiert wie *Social-Sponsoring*-Projekte und *Sustainability-Reportings*. Die Nachhaltigkeit von CSR-Aktivitäten bzw. die nachhaltige Veränderung der Wirtschaftskultur von Unternehmen ist ohnehin eine noch offene Frage. Matthias Horx bezeichnet die Aktivitäten vieler Unternehmen treffend als „Benefiz-Kapitalismus.“

Warum überhaupt „Corporate Social Responsibility“?

Wir können an dieser Stelle festhalten: Die Beschäftigung von Unternehmen mit dem Thema der gesellschaftlichen Verantwortung erscheint mit Blickrichtung auf unser Wirtschafts- und Sozialmodell und auf die heimische Wirtschaftskultur zunächst wie eine Fleißaufgabe. Während es vor dem Hintergrund des angelsächsischen Wirtschafts- und Sozialmodells mit seinen schwach ausgeprägten sozialstaatlichen Leistungen als sinnvoll erscheint, von den Unternehmen mehr als nur materielle Gewinnorientierung zu erwarten, ist die Forderung nach mehr verpflichtender gesellschaftlicher Solidarität der Unternehmen angesichts eines hochentwickelten Sozialstaats unangemessen.

Trotzdem ist es aus meiner Sicht sinnvoll und wichtig, sich auch in Europa mit dem Thema CSR zu beschäftigen – eben nicht wegen entsprechender gesetzlicher Auflagen und Bestimmungen, sondern auf freiwilliger Basis und gemäß den spezifischen Anforderungen, die je nach Unternehmensgröße oder Branche entstehen. Die Auseinandersetzung mit dem Thema der sozialen Verantwortung ist weit mehr als eine PR-Strategie für Unternehmen. Sie kann eine Strategie sein, in jeder Hinsicht mehr Wert zu schöpfen.

Sichtbare Verantwortung zahlt sich aus

Konsumenten von heute nützen etwa ihre Wahlfreiheit verstärkt dazu, Werthaltungen mitzukaufen. Sie sind nicht nur gegenüber Produkten, sondern auch gegenüber Produzenten und Anbietern viel kritischer geworden. Das Paradigma des mündigen, eigenverantwortlichen Konsumenten ist kein Konstrukt, sondern zunehmend Wirklichkeit. Daher gilt: Wer ökonomisch klug handeln will, der muss heute mehr denn je ver-

antwortungsbewusst vorgehen – und dies seinen Zielgruppen auch deutlich machen.
Die Integration gesellschaftlicher und ökologischer Fragen in die Unternehmenspolitik kann sich im Idealfall in mehr Kundenloyalität, einer besseren Unterscheidbarkeit, einer stärkeren Arbeitszufriedenheit, einer höheren Motivation und Bindung der Mitarbeiter, einem besseren sozialen Dialog und somit vor allem in einer besseren Risikovorsorge für Zeiten niederschlagen, in denen die Entwicklung des Unternehmens durch interne oder externe Faktoren gefährdet ist. Freilich ist eine bessere gesellschaftliche Einbettung mittel- und langfristig eine ökonomisch sinnvolle Managementstrategie. Ob eine solche Methode gewählt wird und ob damit verbundene Instrumente genutzt werden, darüber kann und soll allerdings nur das Unternehmen selbst entscheiden – und niemand sonst.

Nicht mit zwei Standards messen

Insgesamt zeigt sich, dass bei der Moralisierung der Ökonomie, wie sie in manchen CSR-Debatten mitschwingt, Vorsicht geboten ist. Nicht selten wird mit zweierlei Maß gemessen: Da wird auf der einen Seite der Textildiskonter für die miserablen Arbeitsbedingungen seiner Mitarbeiter in einem asiatischen Land – zu Recht – gegeißelt und die Konsumenten zum Boykott aufgerufen; auf der anderen Seite ist das Unternehmen als Sportsponsor sehr wohl willkommen und akzeptiert. Da wird auf der einen Seite – zu Recht – Kinderarbeit in fernen Ländern kritisiert; während man sich auf der anderen Seite das ökologisch korrekte Bio-Frühstücksei schmecken lässt, ohne daran zu denken, dass die Mitarbeit von Kindern in der heimischen Landwirtschaft eine unhinterfragte Selbstverständlichkeit ist. Einmal mehr zeigt sich, dass freies, eigenverantwortliches Handeln auf Seiten aller Beteiligten – der Unternehmen und der Konsumenten – durch nichts ersetzt werden kann. Und sicher nicht durch mehr staatliche Regulierung.

Unternehmen als Gesundheitszentren?

Neben der sozialen Anforderungslawine, die auf unsere Unternehmen zurollt und die dringend gestoppt werden muss, gibt es aber auch noch einen zweiten Bereich, wo massive Anforderungen an die Unternehmen gestellt werden: der Gesundheitsbereich.[15]

Unter dem Schlagwort der „betrieblichen Gesundheitsförderung“ droht eine ähnliche Entwicklung wie im Bereich *Corporate Social Responsibility.* Auch hier steht außer Frage: Die Gesundheitsförderung der Mitarbeiter ist eine kluge und sinnvolle Strategie. Droht aber die Zwangskeule des Staats, wird sie zur Last für Unternehmer und Mitarbeiter.

Betriebliche Gesundheitsförderung ist per definitionem eine Unternehmensstrategie, die darauf abzielt, Krankheiten am Arbeitsplatz vorzubeugen, die Gesundheitsressourcen zu stärken und das Wohlbefinden am Arbeitsplatz zu verbessern. Im Mittelpunkt stehen dabei die Maßnahmenbereiche Verbesserung der Arbeitsorganisation und der Arbeitsbedingungen, die Förderung einer aktiven Mitarbeiterbeteiligung und die Stärkung persönlicher Kompetenzen. Die betriebliche Gesundheitsförderung soll bei allen wichtigen Entscheidungen und in allen Unternehmensbereichen berücksichtigt werden. Maßnahmen und Programme sollen systematisch durchgeführt werden und Bedarfsanalyse, Prioritätensetzung, Planung, Ausführung, kontinuierliche Kontrolle und Bewertung der Ergebnisse umfassen.

Diktat der leeren Kassen

Auch hier gilt: So weit es sich um freiwillige Maßnahmen der Unternehmen handelt, ist gegen derartige Maßnahmen nichts einzuwenden. Problematisch wird es dann, wenn die Unternehmen per Gesetz zu Gesundheitszentren umfunktioniert werden sollen. Die Gefahr droht durchaus: Denn das Gesundheitssystem hat sich bekanntlich in eine äußerst ungesunde Richtung entwickelt. Nur mehr massive Geldspritzen der Steuerzahler bewahren Krankenkassen vor dem finanziellen Kollaps.

Für wirklich substanzielle Reformen gibt es keine Anzeichen. Undurchschaubare Finanzflüsse, Doppel- und Mehrfachgleisigkeiten und der demografische Wandel sorgen dafür, dass das System immer unfinanzierbarer wird. Kein Wunder, dass manche Funktionäre und Politiker nun die Unternehmen ins Visier nehmen. Ihnen soll der vielfach propagierte, aber aus Finanzierungsgründen kaum forcierte Präventionsbereich „umgehängt" werden. Das ist eine schlichtweg inakzeptable Entwicklung.

Gerade für Klein- und Mittelbetriebe ist es nicht vorstellbar, dass diese als Gesundheitsdienstleister ihrer Mitarbeiter fungieren sollen. Die Verantwortung für die eigene Gesundheit muss dort bleiben, wo sie hingehört: beim einzelnen Menschen selbst. Wenn ein Unternehmen seine Mitarbeiter in eigenem Interesse dabei unterstützten will, gesund zu leben und gesund zu bleiben, dann ist dies überaus positiv zu sehen, ist aber Teil der „Kur", und nicht der „Pflicht" eines Betriebs.

Echte Probleme lösen

Auch in der Frage der Gesundheit ist es wichtig, zwischen mittelständischen Unternehmen und großen Betrieben zu differenzieren. Ein Beispiel dafür ist die Zunahme der psychischen

Erkrankungen, die insbesondere in großen Organisationen auffallend hoch ist. Die psychischen Belastungen am Arbeitsplatz nehmen zu, gleichzeitig hat sich das Betriebsklima in vielen Unternehmen und Organisationen verschlechtert: Zu diesem Ergebnis kommen etwa Rolf Haubl, Professor für psychoanalytische Sozialpsychologie an der Goethe-Universität in Frankfurt und Günter Voß, Professor für Industrie- und Techniksoziologie der Technischen Universität Chemnitz in einer Studie über die psychosozialen Auswirkungen des Wandels der Arbeitswelt. Ein Großteil der Organisationen befindet sich nach der Studie mitten in turbulenten Veränderungsprozessen, wenige sind bereits dabei, erneut umzudenken, weil sie die Folgen der Ökonomisierung als negativ bilanzieren. Der ökonomische Druck der letzten Jahre und der daraus entstehende ständige Reformzwang hat zu einer höchst problematischen „Blase" sich verdichtender Probleme in Organisationen geführt, die lange Zeit kaum wahrgenommen wurde, nun aber platzen könnte, fürchten die Wissenschaftler. Den permanenten Umbau können die Beschäftigten oft nicht mehr nachvollziehen. Das führt dazu, dass sich viele Mitarbeiter nicht mehr mit ihrer Organisation identifizieren können und sie sich gleichzeitig gezwungen sehen, professionelle Standards und Arbeitsqualität zu verletzen, um kurzfristige ökonomische Zielmargen zu erfüllen. Die Führungskräfte verstehen sich in diesem Prozess primär als hart drängende *Change-Agents,* die den ökonomischen Druck nach unten weitergeben und ihre Mitarbeiter mit den Folgen weitgehend allein lassen.

Das ist in der Tat ein hochproblematisches Phänomen – aber kein Charakteristikum der mittelständischen Wirtschaft. Denn hier werden, wie die Studienautoren als Lösungsperspektive skizzieren, soziale Netzwerke gepflegt und gelebt. Die Beziehung zwischen Unternehmer und Mitarbeiter ist eine andere als in anonymen Strukturen, in denen Veränderungsprozesse bloß darauf hinauslaufen, Druck nach unten weiterzugeben.

Auch vor diesem Hintergrund ist die mittelständische Wirtschaft nicht das Problem, sondern die Lösung. Umso unverständlicher und inakzeptabler wäre es, das mittelständische Leistungsspektrum durch gesetzliche Anforderungen im Gesundheitsbereich zu schmälern. Die Eigenverantwortung für die Gesundheit muss beim einzelnen Menschen bleiben, die Verantwortung für ein funktionierendes Gesundheitssystem beim Staat bzw. bei der Solidargemeinschaft der Versicherten. Die Unternehmen zu Trägern des Systems machen zu wollen, ist für ihre Leistungskraft höchst ungesund.

Fragwürdige Perspektiven

Wie beim Thema CSR, wo die unternehmerische Zweiklassengesellschaft droht, muss man sich auch im Gesundheitsbereich die Perspektiven vergegenwärtigen, die mit einer Verpflichtung der Unternehmen zur Gesundheitsdienstleistung an den Mitarbeitern drohen. Denn es geht nicht nur um die Freiheit des Unternehmens, Gesundheitsförderung zu betreiben oder nicht. Es geht auch darum, dass die Freiheit des Mitarbeiters auf dem Prüfstand steht: Soll es künftig von seinem Vorgesetzten abhängen, was er zu Mittag isst und welchen Sport er betreibt? Was bedeutet es, wenn Unternehmer in Sachen Gesundheitsförderung so konsequent sind, dass sie gesundheitsschädigendes Verhalten der Mitarbeiter negativ sanktionieren? Etwa durch Abschläge beim Gehalt bei jenen Mitarbeitern, die in der Mittagspause nicht das Bio-Menü wählen, sondern ins Fast-Food-Restaurant gehen?
Was hier droht, ist nichts anderes als ein neuer Lebensstil-Autoritarismus unter dem Deckmantel der Gesundheitsförderung. Und weiters muss man bei aller Wertschätzung des Gesundheitsengagements von Unternehmern fragen: Kann die Gesundheitspolitik eines Unternehmens nicht so interpretiert werden, dass man einfach alles dafür tun will, damit die

Mitarbeiter besser „funktionieren"? Dass die Mitarbeiter körperlich und geistig topfit sind und das Unternehmen daher das Optimum aus ihnen herausholen kann? Das ist wahrlich keine Perspektive, die den Mitarbeiter als Menschen in den Mittelpunkt stellt. Sie wirft auch die Frage auf, ob für benachteiligte Personen, wie solche mit Behinderungen, in der „gesunden" Arbeitswelt von morgen noch Platz ist.[16]

Kann sich diese Arbeitswelt von morgen Behinderung denn leisten? Oder anders gefragt, kann sich die immer mehr technisierte und schneller werdende globalisierte Arbeitswelt die Behinderten leisten? Denn es bleibt leider noch immer eine große Kluft zwischen dem Rechtsanspruch des Grundgesetzes und der Arbeitsrealität für Menschen mit Behinderung. Ein positives Beispiel zeigt die Internet-Jobbörse *careesma.at* auf, in der laut eigenen Angaben schon jetzt rund 2.000 Jobangebote und 110.000 Kandidaten präsentiert werden. Das Motto dieser Initiative ist „Leistung statt Mitleid".

Auch vor diesem ethischen Hintergrund plädiere ich dafür, die Anspruchsschrauben zurückzudrehen – und der Freiheit und Eigenverantwortung mehr Raum zu geben. Das gilt für Unternehmer genauso wie für ihre Mitarbeiter.

Kapitel 3

Risiko muss finanzierbar sein

vität nicht gesteigert. Aus Altruismus werden die Völker und Menschen nicht aus Armut, Elend, Not und Mangel geführt. Altruismus ist eine edle, wichtige, wunderbare und nach meiner Überzeugung sogar von Gott geschenkte und seinem Schöpfungswillen entstammende Anlage und Möglichkeit im Charakter, im Herzen und in der Seele des Menschen. Aber er ist untauglich und zerstörerisch als entpersonalisierter moralischer Imperativ, als politisches Programm und als konstruierte Systemkomponente einer Gesellschafts- oder Wirtschaftsordnung."

Roland Baader

„Die Schlussfolgerung lautet: Steuerung ist inhärent paradox: Es ist unstrittig, dass unsere Systeme der Steuerung bedürfen. Unklar ist jedoch, wer jeweils was steuert: Das Management, das System selbst oder beide beides?"

Hans A. Wüthrich

„Getrieben von der Angst, dass ein Konkurrent sie mit einer neuen Technologie überholt, jagen zahlreiche Unternehmen von einer technischen Aufrüstung zur nächsten. Doch das kostet Geld und zwar mehr, als sie denken."

John Naisbitt

Das vielbeschworene Gleichheitsprinzip gilt für Klein- und Mittelbetriebe nicht. Während den großen Konzernen unter dem Schlagwort „Krisenbekämpfung" Steuergeld in rauen Mengen zur Verfügung gestellt wurde, schauen die kleineren Unternehmen durch die Finger. Dabei sind sie es, die für den Löwenanteil der Wertschöpfung und Beschäftigung verantwortlich sind. Die Benachteiligung der „Kleinen" in Finanzierungsfragen ist jedoch kein Ausnahmefall, der nur in Krisenzeiten zu beobachten ist. Die Benachteiligung hat eine systemische Dimension.[17]

Erschwerend kommt hinzu, dass es in einem rohstoffarmen Land wie dem unseren – im Gegensatz zu Rohstoff-Riesen wie Brasilien – nur einen wettbewerbsentscheidenden Rohstoff gibt: *Brainpower*. Die Finanzierungslandschaft für unternehmerisch angewandte *Brainpower* ist jedoch insgesamt äußerst kärglich. Welche Dynamik diese Ressource freisetzt, zeigt sich – um ein Beispiel aus der IT zu verwenden – in der *Open-Source*-Bewegung.[18] Sie hat in vielen Bereichen echte Weiterentwicklungen und Innovationsschübe gebracht. Vor diesem Hintergrund ist es besonders wichtig, verstärkt in die Ausbildung von *Brainpower* zu investieren und deren unternehmerische Anwendung auch finanzierbar zu machen.

Wettbewerb um Innovation

Angesichts des globalen Wettbewerbs gibt es für rohstoffarme Standorte nur eine Möglichkeit, deren Zukunft abzusichern: ihre Innovationskraft. Der globale Wettbewerb ist ein Wettbewerb um Innovation. Unter Fachleuten ist unbestritten, dass Leistungen in Forschung und Innovation die beste Zukunftsversicherung für Wachstum und Wohlstand sind, die es überhaupt gibt. Nur Standorte, wo laufend neue und verbesserte Produkte und Dienstleistungen entwickelt und auf den Markt gebracht werden können, sichern substanzielle Wertschöpfung. Der globale Innovationswettbewerb verschwindet durch die Wirtschaftskrise nicht von der Bildfläche, wie manche hoffen. Im Gegenteil: Er wird sich vielmehr weiter beschleunigen, weil weltweit aus bisherigen Imitatoren sehr rasch Innovatoren werden.

Die China-Herausforderung

Symptomatisch ist die Entwicklung von China: Das Land ist auf dem Weg von der Werkbank zum Hightech-Standort.[19] Bis 2020 sieht der strategische Plan der Regierung eine Steigerung der Forschungs- und Entwicklungsintensität (F&E) auf 2,5 Prozent des BIP vor. Rund die Hälfte der High-Tech-Investitionen in China stammt derzeit von ausländischen investierten Unternehmen oder Joint Ventures. Ein großes Innovationspotenzial zeichnet sich bei den Startups aus dem unversitären Bereich ab. Welche Dynamik solche Startups entfalten, lässt sich an *Frequentis* verdeutlichen – einem Unternehmen, das an der Technischen Universität gegründet wurde und heute bereits 800 Mitarbeiter beschäftigt.

Ende 2008 wurde die Zahl der F&E-Zentren in China auf rund 1.000 geschätzt, diese sind vor allem im Technologiesektor angesiedelt. Hochtechnologieprodukte – die in China allerdings breiter definiert sind als bei uns – stellen fast 30 Prozent der chinesischen Ausfuhren. China belegt in Rankings regelmäßig einen Spitzenrang als attraktiver Standort für Forschung und Entwicklung.[20]

Was das für die Zukunft wirklich bedeutet, können nur wenige richtig einschätzen. Die Steigerung der Innovationskraft der Wirtschaft ist jedenfalls eine ganz entscheidende Herausforderung für die Zukunft.

Innovationsmotoren gesucht

Auch in diesem Bereich sind die Klein- und Mittelbetriebe die erste Ansprechadresse. „Die KMU müssen innovativer werden", hört man überall. Der Befund ist richtig. Unsere Produktionsstrukturen sind derzeit noch von einem Übergewicht an traditioneller, mittlerer Technologie geprägt. Bei den zukunftsweisenden Technologien besteht Aufholbedarf. Das hängt allerdings auch mit den mangelnden infrastrukturellen Rahmenbedingungen zusammen. Ein Beispiel ist der bundesweite Breitband-Ausbau, der für viele innovative Geschäftsmodelle und Technologien Voraussetzung ist.[21] Mangelhafte Infrastruktur verhindert Produktivitätszuwächse und Innovationsgewinne. Technologie-Unternehmen schweben ohne adäquate Infrastruktur nicht im virtuellen, sondern schlichtweg im luftleeren Raum.

Neue Potenziale im Innovationsbereich bringen natürlich die jungen, innovativen Unternehmen beziehungsweise Unternehmensgründungen. Sie sind wichtige Triebkräfte des Strukturwandels und des Wandels in Richtung stärkerer Innovationsorientierung. Doch die traditionell niedrige Eigenkapitaldecke der Unternehmen reduziert beziehungsweise behindert die Wachstums- und Expansionschancen.

Wer finanziert Innovation?

Egal, ob „junge" oder „alte" Unternehmen, sie stehen alle vor dem gleichen Problem: Unsere Finanzierungskultur hinkt den Erfordernissen einer *Brainpower*-Ökonomie weit hinterher. Die finanziellen Rahmenbedingungen für die Innovationsorientierung der Unternehmen sind alles andere als besser oder praktikabel geworden:

- Der traditionelle Kredit, das Finanzierungsinstrument Nummer eins, ist für riskante, innovative Projekte nicht wirklich geeignet. Abgesehen davon „klemmt" es bei der Kreditvergabe an KMU nach wie vor stark. Von den Kreditinstituten dürfen sich innovative Unternehmen nicht viel erwarten. Auf die „ketzerische“ Frage, wozu wir Banken überhaupt brauchen, wenn sie ihrer Verantwortung nicht nachkommen, Unternehmen adäquat zu finanzieren, sind Antworten noch ausständig.[22]

- Das Basel-II-Regime hat die Kreditvergabe weiter verschärft und für die Unternehmen aufwändiger gemacht. Kredite werden durch Basel II für viele Unternehmen schlichtweg nicht mehr finanzierbar. Was bei der Kritik an Basel II meist unter den Tisch fällt: Das Reglement ist hausgemacht. Europa hat aus dem aus den USA stammenden Basel-II-Konzept leider im Sinn des *Golden-Plating*-Prinzips ein unflexibles Reglement gemacht, das vertrauensvolle Finanzierung nicht fördert, sondern behindert. Die europäische Überregulierung und Interpretation von Basel II ist das größere Problem als dessen Grundprinzip.
- Die zarten Pflänzchen der vorbörslichen Finanzierung durch *Private-Equity*-Instrumente und der börslichen Finanzierung sind im Zug der Finanzmarkt- und Wirtschaftskrise weitgehend zum Erliegen gekommen. In Österreich hat sich der *Private-Equity*-Bereich nahezu halbiert.[23] Auch innovative Modelle, wie die gleichzeitige Finanzierung und Beteiligung von Banken an Unternehmen, haben angesichts der derzeitigen Situation kaum Zukunftsaussichten.[24]

Im Ergebnis bedeutet das: Die Forderung an die KMU, innovativer zu werden, scheitert an der Realität einer Finanzierungslandschaft, die nach wie vor auf traditionelle Unternehmen ausgerichtet und derzeit nicht einmal traditionelle Unternehmen zu finanzieren in der Lage ist.

Schon jetzt lässt sich sagen: So werden wir den Wettbewerb um Zukunft durch *Brainpower*- und Innovationserfolge nicht gewinnen.

Hochproblematisch ist in diesem Zusammenhang, dass der antikapitalistische Populismus von Organisationen wie ATTAC die dringend notwendige alternative Finanzierungslandschaft im vorbörslichen und börslichen Bereich massiv diskreditiert. Wo Investoren pauschal als „Heuschrecken“ denunziert werden, kann keine alternative Finanzierungskultur blühen. Die Frage ist nun, woher es frisches Beteiligungskapital geben kann, das der Mittelstand so dringend benötigt. Das wird nicht ohne eine öffentliche Klimaänderung möglich sein.[25]

Statt, wie es populär geworden ist, börsliche und vorbörsliche Finanzierungsinstrumente zu verteufeln, ist eine Imageoffensive für derartige Finanzierungen dringend geboten. Es ist aufzuzeigen, warum gerade unsere Klein- und Mittelbetriebe Alternativen zum herkömmlichen Kredit brauchen – und wie wir damit unsere Innovationskraft und letztlich die Zukunft des Standorts absichern.

Wir brauchen eine Finanzierungskultur, die den Unternehmen den Zugang zu adäquaten Eigenkapitalinstrumenten erleichtert, um risikoreiche Innovations-, Investitions-, Expansions- und Internationalisierungsvorhaben zu unterstützen und dadurch Wachstum zu ermöglichen. Dies erfordert eine Stärkung des heimischen Kapitalmarkts und innovative Eigenkapitalinstrumente für den breiten Mittelstand, zum Beispiel zur Bündelung von KMU-Beteiligungen in börsennotierten Fonds. Auch dem Bereich *Private Equity/Venture Capital* ist wegen seiner besonderen Bedeutung für Innovation und Neugründung verstärkte Aufmerksamkeit zu widmen.[26] Warum ist es beispielsweise nicht möglich, dass künftig ein zu definierender Anteil der in die Vorsorgekassen investierten Mittel verpflichtend in einem Mittelstandsfonds anzulegen ist? Das wäre ein willkommener und ertragreicher Finanzierungsimpuls für die Klein- und Mittelbetriebe.

Es hat auch ideologische Gründe, dass unsere Kapitalmarktkultur Nachholbedarf hat, . Es gibt kaum einen Begriff der Wirtschaftswelt, der so diskriminiert und verteufelt wurde, wie das „Kapital". Reiche und Superreiche, große Vermögen, staaten- und verantwortungslose Konzerne – diese Assoziationen mit „Kapital" wurden gezielt gepflegt, oft vermischt mit Verschwörungstheorien. Dazu kommt der Mythos vom „österreichischen Weg", der im Wesentlichen im real existierenden Korporatismus gründet, sich auch in Markt- und Wirtschaftsfragen die Dinge „miteinander auszumachen". Dieser Weg ist in einer globalisierten Welt eine Sackgasse der Sonderklasse.

Tatsache ist, dass unsere klein- und mittelständische Wirtschaftskultur auf wirtschaftliche Potenz durch Kapital existenziell angewiesen ist. Denn nur Kapital bewirkt materiellen Wohlstand. Seine Akkumulation ist Voraussetzung für jede kulturelle und zivilisatorische Entwicklung. Die einzige Möglichkeit zur Erzeugung von Wohlstand, Fortschritt und Zivilisation liegt in der Vermehrung des investierten Kapitals je Kopf der Bevölkerung.

Ohne Kapital gibt es nicht die Möglichkeit, technologisches Knowhow zur praktischen Wirklichkeit werden zu lassen. Wie es mit und ohne Kapital in der Welt aussieht, erläutert der Ökonom Roland Baader in seinem Buch *Das Kapital am Pranger* eindrucksvoll am Beispiel Korea: „Ein Volk, eine Geschichte, ein geografischer Standort, eine Kultur. Und dann die Teilung in Nord und Süd. Im Süden Marktwirtschaft, im Norden Sozialismus. Das Ergebnis nach wenigen Jahren: Südkorea eines der reichsten Länder Asiens, Nordkorea eine Armutshölle, in der die Menschen zu Hunderttausenden an Unterernährung sterben. Wer diese einfache Wahrheit einmal begriffen hat, kann nicht mehr verstehen, warum Kapital und Kapitalismus die Feindbilder Nummer eins der Menschheit darstellen." Dem ist nichts hinzuzufügen.

Das Verständnis von Kapital und seiner Bedeutung für unsere Gesellschaft muss schon im Kleinen beginnen. Kapital ist nicht, wie uns jahrzehntelang vorgebetet wurde, Ausdruck der Ausbeutung, sondern unverzichtbare Grundlage für das Schaffen neuer Möglichkeiten. Nur dann kann es für die Klein- und Mittelbetriebe jene Finanzierungslandschaft geben, die sie brauchen, um die an sie gerichteten Innovationsforderungen in die Tat umsetzen zu können. Die kapitaltheoretischen Lehren der Österreichischen Schule der Nationalökonomie sind vor diesem Hintergrund empfehlenswerte Lektüre für politische Entscheidungsträger, die ihr Verständnis von Kapital der Wirklichkeit anpassen wollen.[27]

Die Demokratisierung von Kapital

Nicht weniger, sondern mehr Kapital und dessen Einsatz ist im Sinn der mittelständischen Wirtschaftskultur gefordert. Das ist nicht nur eine Frage des gesellschaftlichen Klimas und der politischen und rechtlichen Rahmenbedingungen. Auch die Informationstechnologie (IT) und ihre Anwendungen spielen dabei eine nicht zu unterschätzende Rolle.

Denn die Verbindung zwischen Kapital und IT ist in vielerlei Hinsicht eng: IT spielt nicht nur eine wesentliche Rolle in der Wertschöpfung klein- und mittelständischer Unternehmen (siehe Kapitel 8) und der wirtschaftlichen Wertschöpfung insgesamt – man denke an die hochprofitablen Softwareunternehmen –, sie unterstützt die Akkumulation von Kapital und dessen sekundenschnelle Distribution. Das hat nicht nur den für große Unternehmen höchst erfreulichen Wettbewerb der Steuersysteme nach sich gezogen, sondern ermöglicht auch den zielgerichteten Einsatz von Kapital in den unterschiedlichsten Bereichen – und damit auch für Investitionen in Klein- und Mittelbetriebe.

Auf der anderen Seite ist IT-Kompetenz – eine grundlegende

Kulturtechnik unserer Zeit – zunehmend die Voraussetzung dafür, dass sich Menschen von Armut befreien können, sich wirtschaftliche Unabhängigkeit erarbeiten und selbst Vermögen schaffen können, das sie wiederum für ihre Zwecke und Anliegen investieren können.[28]

Eine der entscheidenden Fragen liegt nun darin, welche Instrumente das Unternehmertum in der Hand hat, um Vermögen zu bilden und dieses wiederum für reale Investitionen zu nutzen. Neben der Frage der staatlichen und gesellschaftlichen Rahmenbedingungen spielt die Informationstechnologie eine entscheidende Rolle. Sie ermöglicht es Unternehmen, auch in schwierigen Zeiten zu wachsen und Vermögen zu bilden und sich neu zu positionieren. Und zwar nicht nur gegenüber den Kunden im lokalen Umkreis, deren Treue dadurch gefördert werden kann, sondern auch – und das in erheblicher Geschwindigkeit – auf dem Weltmarkt.

Vor diesem Hintergrund wird deutlich, dass die IT ein wesentlicher Katalysator für die Demokratisierung des Kapitals und dessen Nutzung ist. Der Kern des Unternehmertums, nämlich Ideen in wirtschaftliche Prozesse zum eigenen Wohl und zum Nutzen anderer umzusetzen, wird durch Informationstechnologie breitenwirksam gefördert. IT fördert damit auch die Eigenverantwortung der Menschen, die wirtschaftliche Dimension ihres Lebens selbst zu gestalten und in ihrem Sinn zu verändern. Diese Zusammenhänge sind im Auge zu behalten, wenn über die Innovationskraft von Klein- und Mittelbetrieben, die Bedeutung von Kapital und die besondere Rolle der IT die Rede ist.

Kapitel 4

Mittelstand ohne Humanressourcen?

„Selbstbestimmung ist die Essenz der Freiheit, nicht Mitbestimmung."

Roland Baader

„Innovationen bilden das Fundament der wirtschaftlichen Entwicklung. Sie werden von dynamischen Unternehmen mit Initiative, Kreativität und Voraussicht durchgesetzt."

Regina Moczadlo

„Eine Regierung muss sparsam sein, weil das Geld, das sie erhält, aus dem Blut und Schweiß ihres Volkes stammt. Es ist gerecht, dass jeder Einzelne dazu beiträgt, die Ausgaben des Staates tragen zu helfen. Aber es ist nicht gerecht, dass er die Hälfte seines jährlichen Einkommens mit dem Staate teilen muss."

Friedrich II. der Große

Klein- und Mittelbetriebe pflegen unbestritten eine andere Kultur des Umgangs mit Mitarbeiterinnen und Mitarbeitern als Großbetriebe. Der Mensch steht stärker im Mittelpunkt der Beziehung als in hochprofessionalisierten, anonymen Strukturen großer Unternehmen (siehe auch Kapitel 2). Das bedeutet für beide Seiten Vorteile, zieht aber auch spezifische Herausforderungen nach sich. Etwa jene, dass es für KMU wesentlich schwieriger ist, Mitarbeiterinnen und Mitarbeiter auszutauschen als für große Unternehmen. Während es in großen, vertikal strukturierten Unternehmen klare *Workflows, Job-Descriptions* und abgegrenzte Verantwortungsbereiche für Mitarbeiter gibt, ist das in KMU weitaus seltener der Fall. Aufgaben und Kompetenzen sind hier nicht vertikal, sondern oft horizontal verteilt. Das bedeutet: Mitarbeiter sind in unterschiedlichen Unternehmensfunktionen „daheim" und übernehmen flexibel Aufgaben, die vom Unternehmen zu bewältigen sind. Verlässt ein Mitarbeiter oder eine Mitarbeiterin das Unternehmen, ist es besonders schwer, adäquaten Ersatz zu finden.[29]

Mangel an Fachkräften

Die grundlegende Herausforderung liegt für KMU darin, für die Zukunft ausreichend qualifizierte Arbeitskräfte zu haben. Die mittel- und langfristigen Auswirkungen der Wirtschaftskrise auf den Arbeitsmarkt sind noch unklar. Während die öffentliche Meinung noch gebannt auf die Arbeitslosenstatistiken sieht, droht den Klein- und Mittelbetrieben jedenfalls eine ganz andere Gefahr: ein massiver Fachkräftemangel. Ein Problem, mit dem sie weitgehend allein gelassen werden. Auch hier fällt der Unterschied zu globalen Konzernen ins Gewicht: Während sich globale Unternehmen dadurch behelfen können, dass sie punktuellen Fachkräftemangel durch Rückgriff auf ihr globales Arbeitskräfteangebot kompensieren

können, bleibt einem KMU diese Option verwehrt. Es hat keine Möglichkeit, Arbeitskräfte von hier nach dort zu verschieben. Anders gesagt: Während globale Unternehmen ihre eigene *Human-Resources*-Infrastruktur nützen können, sind Klein- und Mittelbetriebe auf die staatlich bereitgestellte *Human-Resources*-Infrastruktur angewiesen.
Schwierigere Ersetzbarkeit von Mitarbeitern, keine Möglichkeit, Arbeitskräfte von einem internationalen Standort zu einem anderen zu verschieben – der Nachteil für KMU angesichts des Fachkräftemangels ist ein doppelter.

250.000 Arbeitskräfte fehlen

Die Bevölkerungsentwicklung hin zu einer demografisch alternden Gesellschaft bewirkt, dass immer weniger junge Menschen in den Arbeitsprozess einsteigen. So wird in Österreich bis zum Jahr 2015 die Zahl der 15-Jährigen um rund 18.000 niedriger sein als heute. In der Folge wird der Anteil der Arbeitskräfte zwischen 15 und 29 Jahren von derzeit 25,7 Prozent bis 2020 auf 23,8 Prozent sinken, und der Anteil der 30- bis 44-Jährigen von 41 auf 36,9 Prozent zurückgehen. Das hat nicht nur massive Auswirkungen auf die Finanzierung des Pensionssystems, die ebenfalls weitgehend ignoriert werden.
Nach Schätzungen der Wirtschaftskammer Österreich fehlen hierzulande in der Folge bis 2020 bis zu 600.000 qualifizierte Fachkräfte: Bei einem Wirtschaftswachstum von 1,7 Prozent würden rund 250.000 qualifizierte Arbeitskräfte fehlen, bei einem Wachstum von drei Prozent wären 600.000 Fachkräfte nötig, zeigt die Adaption einer McKinsey-Studie für Österreich (Quelle: Handbuch zur Vereinbarkeit von Familie und Beruf für Kleine und Mittlere Unternehmen; BMWFJ, WKO, 2009). Nicht die Arbeit geht unserer Gesellschaft aus, sondern es sind die Arbeitskräfte. Der Wettbewerb um qualifizierte Kräfte wird in Zukunft immer härter. Schon heute klagen viele Branchen,

dass sie die benötigten Mitarbeiter/innen nur sehr schwer oder nur durch eine kostenaufwändige Suche finden. Darunter leiden Klein- und Mittelbetriebe besonders.

Kampf um die besten Köpfe

Kleine und mittlere Unternehmen haben bei der professionellen Fachkräftesuche nur begrenzte Möglichkeiten. Im Gegensatz zu großen Unternehmen, die sich teure Imagekampagnen *(Employer Branding)* oder gar die Unterstützung junger Menschen bei der Ausbildung leisten können, fehlen ihnen die entsprechenden Mittel. Sie drohen, beim Wettbewerb um die Mitarbeiter und vor allem um die „besten Köpfe" unter die Räder zu kommen. Die Auswirkungen für die mittelständische Wirtschaftskultur und den Standort sind noch nicht abschätzbar. Natürlich eröffnet die Krise für KMU kurzfristig neue Chancen: Wer sich als KMU angesichts des gewachsenen Potenzials der Arbeitssuchenden jetzt darum kümmert – und es sich gerade auch leisten kann –, die besten Köpfe zu akquirieren, kann sich wichtige Wettbewerbsvorteile sichern. Aber das Zeitfenster für eine solche *Human-Resources*-Strategie wird sich mit dem Anspringen der Wirtschaft bald wieder schließen. Und dann wird der Wettbewerb um die begehrten Fachkräfte härter und schwieriger denn je.

Beispiel IT-Branche

Wie massiv die Gefährdung von Unternehmen und Branchen durch den Fachkräftemangel ist, zeigt der IT-Bereich. Der Fachkräftemangel hemmt das Wachstum der IT-Branche und gefährdet damit eine Lebensader des Wirtschaftsstandorts Österreich. Die Informations- und Kommunikationstechnologie ist immerhin für rund 25 Prozent der Zunahme des Bruttoinlandprodukts sowie etwa 30 bis 45 Prozent des Produktivitätszuwachses verantwortlich. Schon in den vergangenen Jahren konnten bis zu 47 Prozent der heimischen IT-Unternehmen dringend benötigte Stellen nicht qualifiziert besetzen. Dazu kommt das strukturelle Problem, dass die starke Verbreitung von Ein-Personen-Unternehmen – etwa 80 Prozent der IT-Betriebe sind EPU – nur zum Teil eine strategische Entwicklung der Unternehmen zulässt. Die Beschäftigung von Ein-Personen-Unternehmen ist weiters nur bedingt für größere IT-Unternehmen eine reale Option, ihren Fachkräftebedarf zu decken, weil es große Unterschiede zwischen dem personellen EPU-Angebot und der IT-Fachkräfte-Nachfrage gibt.

Schere wächst

In den kommenden Jahren droht allen IT-abhängigen Wirtschaftsbereichen eine dramatische Schere zwischen Bedarf und Absolventen, warnt die Wirtschaftskammer. Es fehlen in der IT nach wie vor Fachkräfte und junge Menschen mit technischer Ausbildung bzw. entsprechenden Ambitionen. Nur 13 Prozent der Studierenden wählen eine technische Studienrichtung und von diesen beginnen nur etwa 20 Prozent ein Informatikstudium. Um 2020 dürfte die Situation durch die Pensionierungswelle der ersten Generation von IT-Experten zusätzlich verschärft werden. Wie es dann weitergeht, ist offen. Die Unternehmen der IT-Branche sind kein Einzelfall: Enorme 83 Prozent der Unternehmen haben nach Auskünften der Wirtschaftskammer Probleme, qualifiziertes Personal zu finden (Quelle: http://www.wko –> *Suchbegriff eingeben:* „IT-Branche“ –> Fachkräftemangel gefährdet IT-Branche).
Dazu kommt das Problem, dass es nicht gelungen ist, die IT-Branche für Frauen attraktiv zu machen und zu öffnen. Hier besteht massiver Handlungsbedarf, auf den ich bereits in meinem Buch *Die IT-Revolution* hingewiesen habe. Ein wichtiges Handlungsfeld sind die Berufsbilder im Wortsinn: Wer sich als

junger Mensch beruflich orientieren will, sucht nach erstrebenswerten Vor- und Zukunftsbildern. Da ist der autistische IT-Freak, der im Server-Raum wohnt und eine Sprache spricht, die niemand versteht, keine besonders attraktive Identifikationsfigur. Attraktiver ist da schon die IT-Expertin, die maßgeblich dafür verantwortlich ist, dass Kundenorientierung und Innovationskraft durch IT-Prozesse optimal umgesetzt werden.

Wer handelt?

Der Handlungsbedarf zur Lösung des Fachkräftemangels wird immer akuter. Allein: Eine Strategie, wie Klein- und Mittelbetriebe in Zukunft jene Fachkräfte bekommen, die sie brauchen, ist nicht zu erkennen. Der demografische Wandel schreitet inzwischen unaufhaltsam voran. Er entwickelt sich in der Ära der wissensbasierten Technologien zu einer gefährlichen Zeitbombe für Wachstum und Wohlstand. Nur Länder, die ausreichend Humanressourcen hervorbringen oder attraktivieren, können im Wettbewerb bestehen. Diese Aufgabe kann nicht auf die Klein- und Mittelbetriebe abgewälzt werden – frei nach dem Motto: Eure Arbeitskräfte sind Euer Job. Die Sicherung der notwendigen Humanressourcen ist eine standortpolitische Aufgabe erster Priorität. Sie muss auf unterschiedlichen Ebenen angesetzt werden, um die Fachkräfte-Versorgung der KMU zu sichern.

Imagewandel der KMU-Karriere

Ein wichtiger Baustein zur Sicherung der Humanressourcen ist es, Karrierechancen in KMU besser zu kommunizieren. Denn die Karrieremacher richten sich in der Regel nach den Standards und Perspektiven der großen Unternehmen, die auch die Karriereseiten der Medien prägen. Natürlich bieten die großen Unternehmen mit eigenen Ausbildungszentren attraktive

Chancen, zusätzliche Qualifikationen zu erwerben. Auf der anderen Seite finden sich Absolventen dieser Ausbildungsangebote nicht selten in standardisierten Arbeitsprozessen wieder, die weder der absolvierten Ausbildung noch ihrem eigenen Potenzial entsprechen. Auch die Hierarchien in Großunternehmen sind ein wichtiger Faktor, den karriereorientierte Menschen bedenken sollten: Vorgesetzte, die den Wettbewerb um die eigene Position fürchten und verhindern wollen, erweisen sich als schwer zu umschiffende Karrierehemmnisse. In KMU eröffnen sich für motivierte Mitarbeiterinnen und Mitarbeiter Karriereperspektiven jenseits von gestrigen Hierarchien. Die vertikale Entwicklung im Unternehmen eröffnet neue Verantwortungs- und Handlungsspielräume. Diese Perspektiven zu kommunizieren ist zweifellos eine wichtige Aufgabe für die Interessenvertretung der Wirtschaft.

Status: Senior-Selbstständigkeit

Einem weiteren Baustein, der nicht nur in der IT-Branche von Bedeutung ist, kommt die Nutzung des Potenzials älterer Menschen zu. Dabei darf es nicht bei Lippenbekenntnissen bleiben. Mein Vorschlag lautet, pensions- und steuerrechtlich den Status der „Senior-Selbstständigkeit" zu schaffen. Dieser Status würde es bereits pensionierten Kräften ermöglichen, phasenweise und punktuell Aufgaben in Unternehmen zu übernehmen und damit Arbeitskräfteengpässe zu überwinden. Der Status der Senior-Selbstständigkeit setzt positive Anreize, damit ältere Menschen auch im Pensionsalter einerseits berufliche Sinnstiftung erfahren und andererseits ihre Verantwortung für Wertschöpfung wahrnehmen können. Die notwendige Debatte über die Hinaufsetzung des Pensionsalters auf Grundlage der demografischen Entwicklung ist natürlich unbeschadet der Senior-Selbstständigkeit zu führen.

Cluster-Strategie für Human Resources

Die *Open-Source*-Bewegung zeigt beeindruckend vor, wie neue Formen der Kooperation aussehen können und welche Ergebnisse für alle Beteiligten dies bringen kann. Kooperation auch von Unternehmen im Wettbewerb ist kein Tabuthema mehr. Umgesetzt auf Strategien zur Lösung des Fachkräftemangels schlage ich dafür die Entwicklung von *Human-Resources-Clusters* vor. Dabei handelt es sich um Strukturen, auf deren Grundlage sich Unternehmen Fachkräfte teilen können. Sofern es sich nicht um wettbewerbsentscheidende Kernprozesse eines Unternehmens handelt, könnten *Human-Resources-Clusters* einen Beitrag dazu leisten, dass Unternehmen gemeinsam von der Nutzung von Fachkräften profitieren, die ihnen jeweils allein nicht zur Verfügung stehen. Dass dies attraktive berufliche Perspektiven für Arbeitnehmer bedeutet, muss nicht eigens betont werden.

Migranten qualifizieren

Ein sehr wichtiger Baustein gegen den Fachkräftemangel ist die Migration. Wir haben in der Vergangenheit immer bestritten, ein Einwanderungsland zu sein – und daher auch keine gezielte Einwanderungspolitik betrieben.[30] Das fällt uns heute auf den Kopf. Die Ausländer, die heute bei uns leben, haben doppelt so oft nur einen Pflichtschulabschluss wie Inländer. Verfügten 2007 etwa 16 Prozent der Österreicher zwischen 15 und 64 Jahren höchstens über einen Pflichtschulabschluss, sind es bei den Ausländern mit 34 Prozent mehr als doppelt so viele. Insbesondere Türken mit 76 Prozent und Zuwanderer aus dem ehemaligen Jugoslawien mit 48 Prozent haben überwiegend keine über die Pflichtschule hinausgehende Ausbildung abgeschlossen (Quelle: Migration & Integration. Zahlen. Daten. Fakten; BMI, Statistik Austria, ÖIF 2009.

Es ist im Interesse der Klein- und Mittelbetriebe dringend geboten, die in Österreich lebenden Ausländer mit niedrigem Qualifikationsniveau so rasch wie möglich zu qualifizieren. Wir dürfen es uns nicht länger leisten, dieses Arbeitskräftepotenzial zu vernachlässigen. Dazu gibt es auch aus sozialpolitischer Perspektive keine Alternative: Ein Ethno-Prekariat ist nicht Ausdruck einer vitalen multikulturellen Gesellschaft, sondern ein gesellschaftliches Problem.

Gezielte Einwanderungspolitik

Die Einwanderung nach Österreich war in den vergangenen Jahren eine Einwanderung in den Sozialstaat Österreich. Dies zeigt sich auch daran, dass 2,3 Prozent aller Ausländer in Österreich Sozialhilfe beziehen, während dies rund 1 Prozent der Inländer tun. Die Einwanderung nach Österreich muss in Zukunft eine Einwanderung in den Mittelstand sein. Dafür ist es notwendig, dass sich der Standort aufgrund eines klaren Kriterienkatalogs gezielt aussucht, wer einwandert. Die Bedürfnisse der KMU nach Fachkräften müssten dabei klar im Vordergrund stehen. Die Einführung einer „Rot-Weiß-Rot"-Card ist daher auch aus wirtschaftspolitischer Perspektive zu begrüßen. Sie reicht aber nicht aus.

Aus meiner Sicht ist der Standort gut beraten, österreichische Schulen im Ausland zu betreiben bzw. mit Schulen und Universitäten zu kooperieren. Dabei sind Schwerpunktsetzungen auf bestimmte Zielländer vorstellbar, deren Arbeitskräfte für Österreich besonders interessant sind. Für überdurchschnittliche Schüler und Studenten soll es „Rot-Weiß-Rot"-Stipendien für Praktika und weitere Ausbildungen in Österreich geben. Gemäß der Devise, dass man die Fachkräfte von morgen dort abholen muss, wo sie heute noch lernen, würde eine solche Initiative einen wesentlichen Beitrag dafür leisten können, um den Fachkräftebedarf der nächsten Jahre durch intelligente

Migration steuern zu können. Damit erledigt sich auch die Forderung, dass Migranten bereits vor ihrem Zuzug in ihrer Heimat Deutsch lernen sollen, von selbst.

Kinderfreundlichkeit ausbauen

Um die Humanressourcen der Zukunft mittel- und langfristig zu sichern, ist eine gesellschaftspolitische Offensive in Richtung mehr Kinder- und Familienfreundlichkeit notwendig. Man muss es offen und kritisch konstatieren: Die Familie wurde in der Vergangenheit nicht wirklich als attraktives Gesellschaftsmodell herausgearbeitet. Die Darstellung der Familie als „Krisenfall", ihre Skandalisierung, aber auch die einseitige Betonung der Limitierungen, die ihre Mitglieder erfahren, waren und sind kontraproduktiv. Es gibt jedoch zum Reproduktions- und Sozialisationskonzept „Familie" keine Alternative. Auf die Frage, was die Gesellschaft zusammenhält und reproduziert, sind familiäre Bindungen nach wie vor die entscheidende Antwort. Das gilt auch für die Produktion der Humanressourcen. Sie ist immer mehr ins Stocken geraten.[31]
Im Jahr 2008 wurden laut Statistik Austria in Österreich 77.752 Kinder geboren. Das entspricht einer allgemeinen Fertilitätsrate von 45,3 Lebendgeborenen auf 1.000 Frauen im Alter von 15 bis unter 45 Jahren. Die Gesamtfertilitätsrate lag bei 1,41 Kindern je Frau – das heißt, dass bei zukünftiger Konstanz der altersbezogenen Fertilität eine heute 15-Jährige in Österreich bis zu ihrem 45. Geburtstag statistisch gesehen 1,41 Kinder zur Welt bringen wird. Dieser Mittelwert liegt damit deutlich unter dem „Bestanderhaltungsniveau" von etwa zwei Kindern pro Frau; in den letzten zehn Jahren schwankte die Gesamtfertilitätsrate nur geringfügig zwischen 1,33 (2001) und 1,42 (2004). Zum Vergleich: Im Jahr 1963 hatte die Gesamtfertilitätsrate ein Nachkriegsmaximum von 2,82 erreicht und war damit doppelt so hoch wie heute.

Jenseits gestriger pronatalistischer[32] Politik ist festzuhalten, dass es um die Kinder- und Familienfreundlichkeit des Standorts Österreich noch lang nicht zum Besten bestellt ist (siehe auch nächstes Kapitel). Im Vergleich zu Frankreich oder den skandinavischen Ländern, aber auch zu den USA gibt es trotz anerkennenswerter familienpolitischer Verbesserungen in den vergangenen Jahren noch erheblichen Handlungsbedarf, damit mehr Kinder auf die Welt kommen – und damit auch die Humanressourcen der Zukunft gesichert sind.[33]
Erst damit würde eine Grundlage gelegt werden für die wachsenden Herausforderungen der Weltwirtschaft. Denn eine kinder- und familienfreundliche Ausgangsbasis bedeutet noch nicht, dass der wünschenswerte Kindersegen ebenso einen guten Nährboden vorgefunden hat wie gesund heranwächst. Gerade die Anforderungen des zukünftigen Familienmodells von zwei arbeitenden Elternteilen ist es, in den wichtigsten Jahren des emotionalen Heranreifens ihrer Kinder nicht durch Abwesendheit zu glänzen. Beruf, Erziehung, Elternsein und das eigene Privatleben in Einklang zu bringen vor dem Hintergrund der Weltwirtschaftskrise stellt die zukünftigen Generationen vor noch nie dagewesene Anstrengungen.

Kapitel 5

Unternehmen Familie

„Wenn eine Gesellschaft von außen bedroht wird, ist es wichtig, die zu kennen, die stark sind und die Verteidigung aufnehmen können. Doch wenn eine Gesellschaft sich inwendig verwandelt, keine Kinder mehr zur Welt bringt, massiv altert, soziales Kapital entwertet und die verwandtschaftlichen Bindungskräfte schwächt, ist es wichtig, diejenigen zu kennen und sich mit ihnen gut zu stellen, die im Stande sind, Familien oder familienähnliche Netzwerke zu bilden."

Frank Schirrmacher

„Ich glaube, dass das 21. Jahrhundert sich wieder dem Menschen und seinen eigentlichen Bedürfnissen zuwenden wird. Was Unternehmen heute planen und morgen investieren, sind die Ergebnisse von übermorgen und bestimmt die Rahmenbedingungen für unser gesellschaftliches Leben. Das bedeutet, dass Unternehmen die Gesellschaft nie aus den Augen verlieren dürfen. Nur durch eine neu zu belebende ethische Grundhaltung lässt sich ein Ausgleich zwischen den Ansprüchen aller herbeiführen."

Daniel Goeudevert

„Alle glücklichen Familien sind einander ähnlich; aber jede unglückliche Familie ist auf ihre besondere Art unglücklich."

Lew Nikolajewitsch Graf Tolstoi

Familien und Unternehmen werden oft als Gegensatz verstanden. Dabei haben sie viel gemeinsam: Ein persönliches Beziehungsgeflecht, das mehr oder weniger ausgeprägte „Wir"-Gefühl oder auch das Gefühl des Aufeinander-Angewiesen-Seins. Viele Arbeitskräfte schätzen auch den „familiären" Umgang in Klein- und Mittelbetrieben, der nicht nur die Lasten des Arbeitslebens erleichtert, sondern auch viel Flexibilität ermöglicht. Vor allem aber: Beide, Familien wie Unternehmen, leben von selbstständiger Arbeit. Im einen Fall wird die selbstständige Leistung gegenüber den „Kunden" Familienmitgliedern erbracht, im anderen Fall sind die Kundenbeziehungen weiter gefasst. Unternehmerischer Erfolg ist ohne familialen Erfolg nicht möglich. Familien sind die Keimzellen verantwortungsvollen Handelns – in der Gesellschaft wie in der Wirtschaft.

Renaissance der Familien?

Wie heute von einer Renaissance der Klein- und Mittelbetriebe die Rede ist, so war in den vergangenen Jahren immer wieder von einer Renaissance der Familien und der Familienpolitik zu hören. Dahinter steht die Einsicht, dass die Leistungen der Familie alles andere als selbstverständlich sind, und dass die richtigen Anreize dafür gesetzt werden müssen, damit es mehr Kinder gibt und dass Familie gelebt werden kann. Jenseits der Debatte um die Frage der Familienformen – Familie ist im historischen Vergleich immer schon einem Wandel unterlegen – geht es darum, wie wir den Herausforderungen des demografischen Wandels (siehe Kapitel 4) entgegentreten können. Mehr Kinder sind nicht nur zur nachhaltigen Sicherung des Generationenvertrags unverzichtbar, mehr Kinder sichern in allen Bereichen Zukunft – von der Innovationskraft einer Gesellschaft bis zum Wirtschaftswachstum.

Wir sind von der Vision einer kinderfreundlichen Gesellschaft allerdings noch weit entfernt. Hier kann man sich an Ländern wie den USA, Frankreich oder auch den skandinavischen Ländern ein Beispiel nehmen. Dort ist es auch kein Problem, kleine Kinder einer verlässlichen Kinderbetreuung anzuvertrauen. Wir sollten endlich anerkennen: Nicht alles, was gegenüber den Familien gut gemeint ist, ist auch wirklich gut. So fällt die Forderung, Kinder sollten so lang wie möglich bei der Mutter bleiben, in die Kategorie „gut gemeint". Dass eine moderne, pädagogisch hochwertige Kinderbetreuung der unter Dreijährigen den Entwicklungschancen der Kinder wie der Entlastung beziehungsweise der beruflichen Perspektiven der Eltern und insbesondere Mütter alles andere als abträglich sein muss, steht freilich außer Frage. Gerade im Bereich der Kinderbetreuung, die eben nicht „Verwahrung", sondern Entwicklungsförderung ist, gibt es vielfältigen Handlungsbedarf. Die in Österreich viel gefeierte Einführung des Gratis-Kindergartenjahres für alle Fünfjährigen im Ausmaß von bis zu 20 Wochenstunden ist symptomatisch dafür, mit welch enormer Verspätung das Thema Familienfreundlichkeit angepackt wird.
Die Unfreundlichkeit gegenüber den Kindern zeigt sich aber auch an der herrschenden Verschuldungspolitik: Per 15. Juli 2009 betrug die Verschuldung der Republik Österreich 17:39, insgesamt 184.734.584.006 Euro. Das entspricht einer Pro-Kopf-Verschuldung je Staatsbürger von 24.706 Euro, aufgeteilt auf alle Erwerbstätigen, je 45.167 Euro. Dieser Kredit kostet den Staat jährlich Zinsen von 7.557.322.144 Euro, beziehungsweise je Bürger (Erwerbstätigen) jährlich 1.011 (1.848) Euro. Es sind die Kinder und Kindeskinder, die morgen für die Schulden von heute zahlen werden müssen – in Form von höheren Steuern oder in Form einer Geldentwertung.[34]

Die Gesellschaft profitiert immer

Wenngleich die Entscheidung für Kinder immer eine individuelle ist – und auch bleiben muss –, so ist es immer die gesamte Gesellschaft, die von dieser Entscheidung profitiert. Neue Bürger sind unverzichtbar für den Generationenvertrag, sichern die Humankapitalbasis eines Landes und stärken unser gesamtes Entwicklungspotenzial. Menschen mit Kindern zahlen aber nach wie vor doppelt und dreifach drauf: Denn für ihre Investitionen in Kinder und deren Erziehung gibt es keine Fairness gegenüber jenen, die diese Investitionen nicht tätigen. Darüber können auch grundsätzlich erfreuliche Änderungen im Familiensteuerrecht nicht hinwegtäuschen.

Bei der Herausforderung, Familienleistungen besser anzuerkennen, besteht weiterhin Handlungsbedarf. Die strukturelle Ungerechtigkeit gegenüber Menschen mit Familie ist ein Gerechtigkeitsproblem, das dringend zeitgemäßer Lösungen bedarf – gerade aus Sicht der Unternehmerinnen und Unternehmer. Denn die hier kurz skizzierten Herausforderungen treffen Unternehmerinnen und Unternehmer umso mehr, da im Gegensatz zu Angestellten das soziale Sicherheitsnetz für sie wesentlich großmaschiger geknüpft ist. Die Vereinbarkeit von Familie und Beruf ist für viele ein existenzielles Problem: Widmet man sich zu viel dem Unternehmen, leidet das Kind. Widmet man sich zu viel dem Kind, leidet das Unternehmen. Gerechtigkeit für die Familien ist ein Anliegen, das für Unternehmerinnen und Unternehmer besondere Priorität hat.

Flexible Lösungen

Ihren Mitarbeiterinnen und Mitarbeitern eröffnen Klein- und Mittelbetriebe in der Regel mehr Flexibilität zur Gestaltung des eigenen Lebens. Die Familienfreundlichkeit von Klein- und Mittelbetrieben ist dafür ein gutes Beispiel. Sie kommt ohne großes rhetorisches Brimborium aus. Es ist einfach selbstverständlich, wenn eine Mutter zu einem bestimmten Zeitpunkt den Arbeitsplatz verlassen muss, um ihr Kind von Schule oder Kindergarten abzuholen. Dass man bei Betreuungslücken das Kind in den Betrieb mitnimmt, gehört ebenso zum KMU-Alltag in Österreich wie die Rücksichtnahme auf spezifische familiäre Situationen. Umso unverständlicher ist es, dass Klein- und Mittelbetriebe letztlich verstärkt dazu verpflichtet werden sollen, Maßnahmen zur besseren Vereinbarkeit von Familie und Beruf zu setzen.

Die Grenzen der Familienfreundlichkeit

Auch hier zeigt sich einmal mehr, dass gerade jene Herausforderungen dem Mittelstand aufgebürdet werden, welche Politik und Gesellschaft jahrelang vor sich hergeschoben haben. Umso gravierender ist es, dass die Gesellschaft nun derartige Defizite auf die Klein- und Mittelbetriebe abwälzt, die möglichst per Gesetz für mehr „Familienfreundlichkeit" zu sorgen haben. Mit einem KMU-Unternehmer, der selbst Kinder hat, kann man eigentlich nur mehr Mitleid haben: Denn er wird zusätzlich zu seinen eigenen Investitionen in die Zukunft der Gesellschaft zur Kasse gebeten, und soll noch dazu familienfreundliche Maßnahmen mit seinem Betrieb finanzieren.
Auch in diesem Bereich ist die Klarstellung wichtig: Der gesellschaftliche und rechtliche Druck auf Klein- und Mittelbetriebe zur Finanzierung familienfreundlicher Maßnahmen muss in engen Grenzen gehalten werden. Auch hier darf es keine weitere Überforderung der Klein- und Mittelbetriebe geben, weil Politik und Gesellschaft ihre Hausaufgaben nicht machen. Die strukturelle Ungerechtigkeit gegenüber den Familien zu lösen, ist eine Aufgabe, die nicht den Klein- und Mittelbetrieben in die Schuhe geschoben werden darf.

Die eigentliche Herausforderung im Familienkontext ist für Klein- und Mittelbetriebe eine andere. Sie liegt darin, dass mittelständische Familienbetriebe keine Nachfolger mehr haben. Bis 2018 stehen in Österreich 57.500 kleine und mittlere Unternehmen zur Übergabe an. Der Großteil der zur Übergabe anstehenden Unternehmen hat ein bis neun Beschäftigte. Weit über 259.000 Beschäftigte arbeiten in diesen Unternehmen. Es muss alles daran gesetzt werden, die Zukunft dieser Betriebe zu sichern.[35]

Hauptmotive für den Antritt der familieninternen Nachfolge sind der Wunsch, die Familientradition fortzusetzen, den Fortbestand des Unternehmens sowie der Arbeitsplätze zu sichern und der Wunsch nach Selbstverwirklichung. Die Erfahrung zeigt allerdings: Immer weniger finden ihre Betriebsnachfolger in der Familie. Die Unternehmer stehen vor der Herausforderung, externe Nachfolger zu finden. 1996 haben noch 75 Prozent der Übernahmen innerhalb der Familie stattgefunden, 2006 ist es nur mehr die Hälfte gewesen.[36]

Die Betriebsnachfolgethematik ist ein Handlungsfeld, auf das die Politik wirklich ihr Augenmerk richten sollte. Wir brauchen in diesem Zusammenhang Antworten auf zwei zentrale Herausforderungen: Erstens, wie lässt sich die Innovationskraft von Unternehmen steigern, die traditionell auf Traditionen setzen? Und zweitens: Welche Möglichkeiten gibt es für Familienunternehmen, sich für die Partizipation von Dritten zu öffnen? Das sind Fragen, deren Beantwortung für die Sicherung einer mittelständischen Unternehmerkultur große Bedeutung hat. Je besser die Nachfolgen gelingen, desto besser für den Wirtschafts- und Arbeitsstandort Österreich.

Kapitel 6

Unternehmen lösen Probleme

„Problemlösungen dem Markt zu überlassen, das heißt, sie der Vielfalt an unterschiedlichem Wissen, Können, Erfinden, Suchen, Entdecken, Improvisieren, Lernen, Streben, Nachdenken von Millionen Menschen anzuvertrauen."

Roland Baader

„Bei der Eroberung des Weltraums sind zwei Probleme zu lösen: die Schwerkraft und der Papierkrieg. Mit der Schwerkraft wären wir fertig geworden."

Wernher von Braun

„Eine Regierung löst keine Probleme, sie lässt sie abklingen."

Ronald Reagan

Die Unternehmen machen Probleme, der Staat löst sie: So lässt sich – ohne jegliche Simplifikation – das vorherrschende Meinungsklima zu Unternehmen und dem Staat beschreiben. Die Krise hat dieses Meinungsklima nicht erzeugt, sondern allenfalls dramatisiert. Die Unternehmen und die Wirtschaft als Ganzes werden als „Täter" stigmatisiert, man selbst gefällt sich einmal mehr in der Opferrolle. Ein Opfer, dem nur mehr – und wie immer – der gute „Vater Staat" helfen kann. Die Staatsorientierung der Bevölkerung ist hausgemacht.

Eigenverantwortung auf Sparflamme

Die Politik ist sich ihrer Auswüchse wohl bewusst, stellt sie aber nicht in Frage, weil sie davon lebt. Eigenverantwortung und Eigeninitiative werden dadurch aber auf Sparflamme gehalten. Wie absurd die Situation ist, zeigt sich daran, dass es vor allem aus dem Grund keine weiteren Konjunkturpakete gibt, weil die Politik Angst davor hat, dass die Menschen auf dessen Effekte warten würden, um nicht selbst aktiv werden zu müssen. Während es keinen Zweifel daran gibt, dass Unternehmen bankrott gehen können, ist es nahezu sakrosankt darauf zu verweisen, dass auch ein Staat bankrott gehen kann. Es zeigt sich, dass die Verhältnisse auf dem Kopf stehen. Sowohl der Staat wird als großer Problemlöser inszeniert, als auch das Anwerfen der Notenpresse als sozialpolitische Großtat. Eine notwendige Diskussion über Sinnhaftigkeit und Grenzen staatlichen Handelns findet nicht statt.

Staatliches Unterbewusstsein

Wenn Freud Recht hat mit der These, dass das Unbewusste uns stärker steuert als das Bewusste, so können wir in Analogie dazu festhalten: Der Staat mit seinen expliziten und impliziten Regeln steuert das wirtschaftliche Geschehen viel stärker als unternehmerische Eigeninitiative es vermag. Die Politisierung der Wirtschaft ist ein Grundproblem nicht nur in Österreich. Tendenzen zur Re-Verstaatlichung fallen aufgrund des Etatismus im gesellschaftlichen Unterbewusstsein auf fruchtbaren Boden – mit furchtbaren Folgen für die Wirtschaft im Fall ihrer Umsetzung. Viele Politiker haben sich dazu verstiegen, die Verstaatlichung von Unternehmen oder ihre Gemeinnützigkeit zu fordern. Mit der Sozialpartnerschaft verfügt Österreich über einen gesellschaftspolitischen Entscheidungsmechanismus, der im Zeitalter von Globalisierung und Wettbewerb auf dem Prüfstand steht. Die Intelligenz des Marktes und die Kraft des Unternehmertums wird nicht so genutzt, wie sie genutzt werden könnte und sollte. An ihrer Stelle werden „Experten“ auf die politische Entscheidungsbühne gestellt, die sich vor allem durch bemerkenswerte Markt- und damit Realitätsferne auszeichnen.

Konkreter Nutzen

Aber das ist ein vergleichsweise geringes Problem. Das größere Problem ist der damit verbundene politische Klimawandel. Im Zug der Finanzmarkt- und Wirtschaftskrise hat ein Vorurteil wieder an Verbreitung gewonnen, das gerade für Klein- und Mittelbetriebe eine schwere Last ist, nämlich jenes, Unternehmen würden durch das unternehmerische Streben nach Gewinn nur Probleme schaffen. Tatsache ist freilich, dass das Gegenteil der Fall ist. Unternehmen schaffen keine Probleme, sie werden dazu gegründet, um Probleme zu lösen. Vor allem das Problem, dass es auf dem Markt eine Nachfrage gibt, die nicht durch ein entsprechendes Angebot ausreichend gedeckt ist. Produkte und Dienstleistungen von Unternehmen bringen ihrem Käufer einen konkreten Nutzen. Nur darum werden sie gekauft.

Helden der Neuzeit

„Die hohen Gewinne eines Unternehmens oder „den Unternehmer insgesamt“ anzuprangern, zu beklagen und zu verteufeln ist in einer marktwirtschaftlichen Wettbewerbsordnung nicht nur ein Zeichen für ökonomische Ignoranz; es ist, mit Verlaub, idiotisch“, schreibt der liberale Ökonom Roland Baader in seinem Buch *Das Kapital am Pranger* (Resch, 2005) pointiert. Die Unternehmer sind für ihn die eigentlichen Helden der Neuzeit. Ihr Handlungsspielraum ist der Markt. Beim Markt handle es sich nicht um etwas Erfundenes, sondern um eine natürliche Ordnung. Der Markt sei immer um riesige Dimensionen klüger, kenntnisreicher und effizienter, als jeder einzelne Mensch oder jeder Herrscher und jede Regierung oder Behörde es jemals sein könnten, schreibt Baader. Er wünscht sich: „Die Menschen sollten verstehen lernen: Marktwirtschaft, das sind wir selber.“ Es sind und bleiben wir, die Menschen als denkende, kreative, findige, einfallsreiche, wagemutige, ausdauernde, strebsame, phantasiebegabte und fleißige Wesen, die all das erzeugen und leisten, was wir Wohlstand nennen. Wenn der Mensch in Würde und Freiheit und als zivilisiertes Wesen überleben will, muss er sich mit der unperfekten, aber natürlichen Ordnung der Marktwirtschaft abfinden und sich in ihr einrichten. Daran führt kein Weg vorbei.

Mehr Freiheit – mehr Nutzen

Die Qualität des Kapitalismus besteht in seiner Realitätsnähe, was die Auffassung von Menschen und seinen Antriebskräften betrifft. Der Kapitalismus ist eben keine Religion oder Ideologie, die (säkulare) Utopien formuliert und auf die ethische Perfektion des Menschen abzielt. Seine Vermutungen über den menschlichen Charakter und über die Bedeutung der Technologie haben sich als realitätsnäher erwiesen als die vermeintlichen Alternativ-Szenarien des Sozialismus, die davon ausgehen, dass es vorrangiges Motiv der Menschen ist, anderen zu helfen. Das ist schlichtweg nicht der Fall. Dass Eigennutz und Durchsetzung der eigenen Interessen in Wahrheit auch die sozialistischen Systeme geprägt haben, sei nur als Fußnote angemerkt. Die Durchsetzung möglichst vieler eigener Interessen ist jedenfalls der bessere Weg als die Durchsetzung des einen staatlichen Interesses, hinter dessen *Volonté-génerale*-Ansatz sich doch nur reine Ideologie verbirgt. Und zwar eine solche, die mit Freiheit nichts am Hut hat. Nicht der Kapitalismus ist eine menschenverachtende Ideologie, sondern jenes Denken, dass dem Einzelnen Freiheit nicht zutraut und Freiheiten daher systematisch beschneidet.

Die Marktwirtschaft setzt nicht nur die Freiheit der Bürger voaus, sondern sie schafft auch mehr Freiheit, indem sie Bürger von staatlicher Herrschaftsmacht befreit. Zwischen „Markt" oder „Befehl" gebe es jedenfalls keinen „dritten Weg", so Roland Baader. Der Kapitalismus könne weder moralisch noch unmoralisch sein, er könne nur ein gesellschaftliches Umfeld bilden, in welchem sich die individuellen Teilnehmer für moralische oder unmoralische Ziele entscheiden. Obwohl der Kapitalismus keine moralische Gesellschaft garantieren könne, sei er notwendig für eine solche.

Die Argumentation des Ökonomen weitergedacht, müssen wir anerkennen, dass mehr unternehmerische Freiheit der richtige Weg zu besserer Problemlösung und höherem Nutzen im Rahmen des marktwirtschaftlichen Systems ist. Ein gesellschaftliches Klima, dass durch diese Einsicht geprägt ist, würde auch die Leistungskraft der Klein- und Mittelbetriebe für die ganze Gesellschaft nachhaltig entfesseln helfen.

Sehr wesentlich in diesem Zusammenhang ist ein richtiges Verständnis von Unternehmertum. Gerd Habermann schreibt dazu in seinem Soziallexikon *Richtigstellungen:* „Der Unternehmer ist die Person, die die gute Gelegenheit erspäht und zugunsten der Marktgemeinschaft ausnutzt, gesetzt, man lässt ihm billigerweise seinen Unternehmerlohn, gestattet ihm die Verzinsung seines eingesetzten Kapitals und, besonders auch das Einstreichen einer Wagnisprämie, denn nie kann er seiner Sache ganz sicher sein. Der Unternehmer wird vor allem durch die Kostenrechnung, den Wettbewerb, das Eigeninteresse, Gesetz und Geschäftsmoral kontrolliert (es gibt auch einen Reputationswettbewerb!). ‚Stark' kann er nur werden, wen er seinen Mitmenschen nützliche Dienste erweist. Nicht er, sondern der Kunde ist der eigentliche Arbeitgeber." Diesem Verständnis von Unternehmertum ist nichts hinzuzufügen – außer vielleicht Habermanns Definition des Antipoden zum Unternehmer, dem „Unterlasser". Habermann zielt dabei auf den Rentenbezieher ab, der jederzeit sein Auskommen und sein Behagen hat, und nicht durch Ambition und Aussicht auf Gewinnchancen vorwärts getrieben wird.
Im Klartext: Wer ohne Risiko skalieren will, der hat mit dem Unternehmertum nichts zu tun. „Creatio ex nihilo"[37] ist definitiv kein Prinzip unternehmerischen Denkens und Handelns. Im Gegenzug muss außer Frage stehen, dass das stets risikobehaftete Unternehmertum selbstverständlich Belohnung erfahren darf, weil und wenn es Nutzen stiftet – und dass diese Belohnung nicht unter dem Titel „Umverteilung" umgehend sozialisiert wird.

Man muss aber keine liberalen Positionen vertreten, um zur Auffassung zu gelangen, dass Unternehmen nicht Probleme schaffen, sondern sie lösen. Muhammad Yunus, der berühmte Gründer der *Grameen Bank,* nutzt das kapitalistische System zur Armutsbekämpfung. Seine Bank vergibt Mikrokredite vor allem an zwei Zielgruppen, die für herkömmliche Banken kaum interessant sind: an Menschen, die nichts haben, und an Frauen. Yunus' Motto ist einfach: „Wenn Sie nichts haben, kriegen Sie unsere ganze Aufmerksamkeit." Das erfolgreiche Bankprojekt – die *Grameen Bank* vergibt jährlich Kredite in der Höhe einer halben Milliarde Dollar, die Rückzahlungsquote liegt bei 99 Prozent – expandiert. Dazu kommen 16.000 Stipendien und ein Geschäftsmodell, das aus Bettlern Händler macht: Bettler erhalten einen kleinen Kredit, mit dem sie Waren einkaufen, die sie dann auf ihren Touren verkaufen. Yunus berichtet: „Es klingt wie ein Scherz. Aber diese Leute verstehen ihr Geschäft. Sie studieren ihre Kunden und lernen schnell, welches Haus und welcher Wochentag für welches Produkt geeignet ist." Sein Credo: Menschen seien unheimlich kreativ, vor allem wenn sie in größter Not leben. Die Gesellschaft solle arme Menschen dabei unterstützen, dieses Geschenk auszupacken. Für den Bankgründer sind Kredite ein Menschenrecht: „In der konventionellen Welt müssen Sie, um einen Euro zu verdienen, zuerst einen Euro haben. Solang aber die Mehrheit der Weltbevölkerung diesen Euro nicht erhält, ändert sich nichts."

Von *Corporate Social Responsibility* hält Yunus nichts, er spricht sich für eine zweite Geschäftswelt parallel zur bestehenden aus, in der soziales Unternehmertum auf dem Programm steht. Dabei geht es nicht um finanzielle Gewinne, sondern um soziale Zielsetzungen. „Wenn Ihnen Armut unangenehm ist, dann gründen Sie eine Firma, die Armut beseitigt; sind Sie über die Diskriminierung der Frauen besorgt, liegt Ihr unternehmerisches Ziel in der Gleichstellung – und so weiter", rät er. Die gleiche Person könne zwei Firmen führen: Mit der einen verdiene sie Geld, mit der anderen löse sie Probleme. So könne man die Welt verändern, argumentiert Yunus. Sein Appell ist wegweisend: „Gründen Sie ein soziales Unternehmen, statt es von der Regierung zu erwarten. Damit unterstützen Sie diese, denn auch die Politik erkennt die brillanten Ideen, die in der sozialen Ökonomie entstehen werden."

Unternehmerische Kraft entscheidet

Aus welcher Perspektive auch immer man auf die Problemlösungskraft von Unternehmen vertraut: Es zahlt sich aus. Vor diesem Hintergrund ist es besonders wichtig, dass die enormen Anspruchshaltungen an Klein- und Mittelbetriebe zugunsten von mehr Vertrauen in die Lösungskompetenz der Klein- und Mittelbetriebe abgebaut werden. Es ist die unternehmerische Kraft, die den Unterschied macht. Eine Gesellschaft kann Probleme und Herausforderungen nur dann auf Dauer lösen, wenn sie diese unternehmerische Kraft dafür freisetzt – statt sie massiv zu regulieren, einzuschränken und zu behindern. Gerade vor dem Hintergrund der Finanzmarkt- und Wirtschaftskrise wird deutlich, dass die Klein- und Mittelbetriebe die Perspektive des Wirtschaftens aufzeigen, die Zukunft hat und Zukunft möglich macht. Große, anonyme Strukturen können sich stets leichter der lokalen Verantwortung entziehen – kleine und mittlere Unternehmen können und wollen das auch nicht. Deshalb ist es wichtig, das nutzenstiftende und kleinbetriebliche Wirtschaften zu fordern und zu fördern. Etwa durch den Schutz der Kleinen vor Kartellen und der brutal eingesetzten Marktmacht der Großen. Nur wenn wir die Risikobereitschaft der Klein- und Mittelbetriebe sichern, können wir auch von ihren Potenzialen und Leistungen profitieren.

Welche neuen Perspektiven das Unternehmertum ermöglicht, zeigt sich sogar in Bereichen, die klassischerweise dem staatlichen Verantwortungsbereich zugeordnet werden, etwa im Gesundheitswesen. So geht beipsielsweise der Gesundheitsökonom Christian Köck im Kurort Bad Gleichenberg mit seinem *Life Medicine Resort* vollkommen neue Wege.[38] Spitzenmedizin im immer wichtiger werdenden Präventionsbereich wird dort in einem Hotelsetting auf höchstem Niveau angeboten. Zielgruppe sind Privatgäste über 35, die im Beruf starkem Stress ausgesetzt sind und die aktiv etwas in ihre Gesundheit investieren wollen. Im *Life Medicine Resort* kann der Gast Urlaub machen und gleichzeitig mit Hilfe eines individuell erstellten Regenerations- und Therapieplans neue Wege zu mehr Gesundheit finden. Jede Therapie beginnt mit einem umfassenden medizinischen Check, bei dem ein Team von Ärzten und Therapeuten sowie modernste diagnostische und therapeutische Ausstattungen medizinische Sicherheit und Qualität garantieren.

Burnout-Prävention, Therapien zur Leistungssteigerung, langfristige Gewichtsreduktion oder ästhetische Dermatologie sind Beispiele für das medizinische Leistungsangebot. Arzt und Patient sind in diesem Konzept auf gleicher Augenhöhe unterwegs. „Mein Antrieb war: Wie kann ich die Gesundheitsversorgung im dritten Jahrtausend mit all den Möglichkeiten, die die moderne Medizin bietet, so organisieren, dass auch die Hauptsache, die Arzt-Patienten Beziehung, gesundmachend und heilend ist", erklärt Christian Köck sein Problemlösungsangebot. Der Arzt ist Gesundheitspartner, der nicht bloß Dinge einseitig verordnet, die dann doch nicht eingehalten werden. Damit wird einer wichtigen Zielgruppe für Gesundheit ein attraktives unternehmerisches Angebot gemacht, das konkrete Problemlösungen bringt: Mittel und Wege im Bereich der Gesundheit des Einzelnen durch bessere Vorsorge, aber auch Problemlösung für das gesamte System durch weniger „Reparatur"-Notwendigkeiten im Rahmen des traditionellen Gesundheitssystems. Der Staat hat in diesem Bereich bisher versagt. Er repariert nur, statt in mehr Gesundheit – und damit in weniger Reparaturmedizin – zu investieren. Damit schiebt er – wie in vielen anderen Bereichen – Probleme bloß vor sich her, statt sie richtig und damit unternehmerisch zu lösen.

Kapitel 7

Wissensmanagement in der Fertigkeitsgesellschaft

„Das Endergebnis ist: Wir wissen erstaunlich wenig, und doch ist es erstaunlich, dass wir überhaupt so viel wissen, und noch erstaunlicher, dass so wenig Wissen uns so viel Macht geben kann."

Bertrand Russell

„Es ist erstaunlich, mit welch hochtrabenden Worten die Intellektuellen ungezählte Bücher, Zeitungen und Zeitschriften mit Gedanken über ökonomische Themen füllen können, von denen sie nichts verstehen."

Roland Baader

„Der Vernünftige passt sich den ihn umgebenden Umständen an. Der Unvernünftige passt die Umstände an ihn an. Aller Fortschritt hängt von Unvernünftigen ab."

Georg Bernard Shaw

Das Schlagwort von der Wissensgesellschaft ist nun schon einige Zeit im Umlauf. Seine Bedeutung für die Wirtschaft wird nach wie vor nur in Ansätzen erkannt. Wissen, das ist die angewandte Fertigkeit, die in einem Unternehmen zu einer bestimmten Zeit an einem bestimmten Ort benötigt wird. Es handelt sich dabei nicht um „angelerntes" Wissen, sondern um kumulativ, aus unterschiedlichen Quellen und Achsen zugänglich gewordenes Wissen. Erfahrung und Kommunikation spielen dabei zentrale Rollen.

Hinter dem Schlagwort „Wissensmanagement" verbirgt sich folglich eine der großen Herausforderungen für Klein- und Mittelbetriebe. Wie geht man mit dem vorhandenen Wissen im Unternehmen um? Wie sichert man seine Nutzung und damit seinen Wert? Wie garantiert man, dass das Wissen von Mitarbeiterinnen und Mitarbeitern im Unternehmen verbleibt – und zwar auch dann, wenn sie es verlassen? Das sind Themen, die Klein- und Mittelbetriebe heute zunehmend beschäftigen. Denn im Gegensatz zu großen, vertikal organisierten Unternehmen haben Klein- und Mittelbetriebe nicht die Möglichkeit, Prozesse und damit verbundenes Wissen zu dokumentieren und zu erfassen. In KMU wird eine Vielzahl von Tätigkeiten jenseits von Unternehmensfunktionen ausgeführt – oft von ein und derselben Person. Für solche Wissensarbeiter gibt es keine klaren Arbeitsbeschreibungen. Das von ihnen erworbene Wissen bildet sich außer in ihren praktischen Tätigkeiten nirgendwo ab. Vor diesem Hintergrund ist klar, dass der Verlust eines Mitarbeiters oder einer Mitarbeiterin einen Klein- und Mittelbetrieb wesentlich stärker trifft, als dies für ein großes Unternehmen gilt.

Prozess oder Fertigkeit?

Hinter diesen Herausforderungen steht ein grundlegendes Problem: Das klassische Arbeitsparadigma des Industriezeitalters wirkt auch heute noch nach und beeinflusst unsere Vorstellung von Wertschöpfung. Die klassische Arbeitsteilung bedeutete in der Praxis, dass der Arbeitsprozess in eine Vielzahl kleiner Schritte zerlegt und diesen Schritten jeweils eine Arbeitskraft zugeordnet war. Ein Prozess, der immer weiter angepasst und rationalisiert wurde und eine spezifische, prozessorientierte Arbeitsleistung erforderte. Der arbeitende Mensch war im Arbeitsparadigma des Industriezeitalters daher stets austauschbar. Diese Austauschbarkeit konnten die Unternehmen natürlich exzessiv nützen – besonders aufgrund des großen Angebots an Arbeitskräften. In der Logik des Industriezeitalters ist es der Arbeitsprozess und seine Organisation, die Wertschöpfung ermöglichen. Je effizienter und avancierter der Prozess, desto besser. Und desto bedeutungsloser der Mensch. Diese Logik gilt natürlich auch heute noch – überall dort, wo die Austauschbarkeit der Arbeitskräfte kein wirkliches Problem ist, wie etwa im Bereich niedrigqualifizierter Tätigkeiten. Wo das „Werkbank"-Denken dominiert, ist jedoch die Vergangenheit daheim, nicht die Zukunft. Wir können und wollen im internationalen Wettbewerb auch keine „Werkbank" mehr sein. Das sehen leider noch nicht alle so. Insbesondere die Gewerkschaften sind der interessenspolitischen Logik der Werkbank verhaftet.

Die Logik des Industriezeitalters und der Arbeitsteilung gilt insbesondere dort nicht mehr, wo die Fertigkeiten des Mitarbeiters oder der Mitarbeiterin im Mittelpunkt stehen. Dort, wo das Knowhow für Wertschöpfung nicht im Prozess, sondern im Menschen liegt, und wo die Kosten für den Austausch der Arbeitskraft daher sehr hoch sind. Dort, wo es um Schlüsselqualifikationen geht. Hier gibt es keinen Wettbewerb nach unten um Werkbank-Jobs, hier gibt es einen Wettbewerb um die besten Wissensarbeiter, bei dem die Unternehmen sehr gezielt ihre Attraktivität für Mitarbeiter einsetzen und verbessern müssen. Diese Wissensarbeiter müssen auch optimal in die Kultur des Unternehmens integriert werden, denn gerade in einem Klein- und Mittelbetrieb wird das Fehlen sozialer Kompetenzen rasch spürbar. Auf der anderen Seite bieten Klein- und Mittelbetriebe bessere und nachhaltigere Formen der Integration, weil die persönliche Kommunikation und die Beziehungsebene eine wichtige Rolle spielen. Deshalb ist es auch falsch, Klein- und Mittelbetriebe im Vergleich zu Großunternehmen aus Arbeitnehmersicht als Betriebe zweiter Klasse zu stigmatisieren. Sie können den besten Köpfen durchaus attraktive Perspektiven bieten.

Richtig selektieren

Gerade für Klein- und Mittelbetriebe ist es wichtig, sich dem komplexen Thema Wissensmanagement richtig anzunähern. Wissensmanagement ist zunächst ein Selektionsprozess. Es gibt Unternehmen, die einfach „alles" gespeichert und gesichert haben wollen. Doch Informationen, die keinen Nutzwert haben, bringen für das Unternehmen nichts. Es bedarf also eines systematischen Gatekeepings: Welche Informationen müssen im „Hirn" des Unternehmens verankert, dokumentiert und einfach nutzbar gemacht werden – und welche nicht? Informationen über Kunden oder über Problemlösungen müssen ganz sicher im „Hirn" bleiben.

IT-basiertes Wissensmanagement

Das IT-basierte Wissensmanagement im Unternehmen ist eine wichtige Grundlage für mehr Wertschöpfung (mehr zum Thema IT und KMU im nächsten Kapitel). Man muss daran einerseits die Anforderung stellen, dass der Nutzenwert sinnvoller Information stets voll gesichert ist. Die Informationen, die gespeichert sind, müssen rasch, flexibel und verlässlich zur Verfügung stehen. Andererseits ist die Anforderung zu stellen

– und die wird immer wichtiger –, dass das IT-basierte Wissensmanagement für laufend neu generiertes Wissen offen sein muss. Dabei handelt es sich um Informationen, die Mitarbeiterinnen und Mitarbeiter in ihrer täglichen Arbeit erwerben und die schnell und flexibel in das „Hirn" des Unternehmens eingepflegt werden kann.

Dieser Prozess und sein Erfolg sind aber in höchstem Maß voraussetzungs- und mitarbeiterabhängig: Notwendig dafür ist eine entsprechende Kommunikationskultur. Denn wie mit Wissen umgegangen wird, hat in vielen Unternehmen eine untergeordnete Stelle. Geschäftsführer sind oft reserviert, wenn es darum geht, die Mitarbeiter über Projekte, Verfahren, Ziele ausreichend zu informieren, weil man Angst hat, dass die Mitarbeiter mit diesem Wissen die Firma bald wieder verlassen könnten. Mitarbeiter sind reserviert, wenn es darum geht, dass sie ihr (neues) Wissen dem Unternehmen zur Verfügung stellen, weil sie Angst haben, dass sie dabei draufzahlen.

Egal, welche Seite man betrachtet: Die Weitergabe von Wissen wird von allen Beteiligten als Verlust gesehen – als etwas, das man sich im Businessleben eigentlich nicht leisten darf. Wissensverlust, Statusverlust, Wachstumsverlust: Das ist die große Angst in vielen Unternehmen, die einer IT-unterstützten Sicherung und Vermehrung von wertschöpfungsrelevanten Informationen entgegensteht.

Neue Wege

Die richtige Antwort auf diese Herausforderungen liegt in IT-unterstützten Lösungen, die iterativ inkrementellen Charakter haben. Die laufende, schrittweise Erweiterung und Verbesserung ist der richtige Weg, der allen Beteiligten Wissen vermittelt, wo nicht die Angst vor dem Wissensverlust, sondern die Neugier am Wissensgewinn im Mittelpunkt steht. Wissensmanagement als gemeinsame, schrittweise Erfahrung der Erweiterung von Wissen und damit von Handlungsspielräumen ist die richtige Perspektive. Auf den Punkt gebracht: Wer Wissen teilt, gewinnt. IT-Lösungen sind wichtige Triebkräfte für Kollaborationsprozesse, welche die Handlungsfähigkeit von Mitarbeitern und von Unternehmen sichern. Nicht nur die Web-2.0-Welt, sondern Web 3.0 eröffnet uns vollkommen neue Kommunikationshorizonte, bei welchen Wissen durch Teilung vermehrt wird. Wir müssen das Wissen schneller und beweglicher machen, um mehr davon profitieren zu können. Das ist wichtig für ein Wissensmanagement, das Mehrwert schafft.

Kommunizierende KMU

Natürlich spielt die Unternehmenskultur dafür eine zentrale Rolle. Der Knowhow-Transfer im Unternehmen funktioniert nur in kommunizierenden Unternehmen – wo nicht „gemauert" wird, wo sich der Sender darum kümmert, dass eine Botschaft richtig ankommt, wo Kommunikation als Wert geschätzt wird. In kommunizierenden Unternehmen hat man keinen Nachteil, wenn man Wissen weitergibt, sondern einen Vorteil; man macht sich nicht ersetzbar, sondern unverzichtbar; man ist nicht im Stillstand verhaftet, sondern man bewegt sich weiter: Information generiert Innovation.

Genau dafür gibt es in Klein- und Mittelbetrieben mit flachen Hierarchien und einer persönlichen Kommunikationskultur große Chancen. Kein Wunder, dass große Unternehmen dazu übergehen, ihre Betriebe in kleinere Einheiten aufzuteilen, in denen Knowhow orientierte Kommunikation noch möglich ist. Sie tragen damit der Tatsache Rechnung, dass Wissensmanagement in zu großen Gruppen nicht funktioniert. Wir sind auch dank bester technologischer Unterstützung nicht dazu in der Lage, mit Tausenden Menschen sinnvoll zu kommunizieren und Knowhow auszutauschen.[39] Je kleiner Einheiten sind, desto effektiver sind sie im Knowhow-Transfer.

Kreativität nützen

Kommunizierende Unternehmen, die Wissen sichern und entwickeln, fördern natürlich auch die Kreativität und die Innovationskraft der Mitarbeiterinnen und Mitarbeiter. Denn genau das sind die Grundlagen dafür, dass neues Knowhow Wertzuwachs und Wertschöpfung bringen kann. Ohne Freiräume keine Kreativität, ohne Kreativität keine Innovation, ohne Innovation kein Wettbewerbsvorteil: Das alte *Command-and-Control*-Paradigma der Arbeitswelt hat in kommunizierenden Unternehmen keine Zukunft mehr. Es geht nicht mehr um Teilung von Arbeit, es geht um die Teilung von Talenten und Fertigkeiten. Das bedeutet auch, dass Mitarbeiter mit ihren Fähigkeiten nicht länger einem spezifischen Arbeitsprozess zugewiesen sind, sondern sich im Unternehmen nicht nur vertikal, sondern auch horizontal verändern – und an unterschiedlichen Ecken und Enden des Businessprozesses einbringen, was sie wissen und können. Jobrotation beschleunigt den notwendigen Knowhow-Transfer. Die Zukunft des Wissensmanagements in Unternehmen ist zuallererst eine Kultur- und dann eine Technologiefrage. Die Evolution der Technik ist der Evolution der Kommunikationskultur in vielerlei Hinsicht vorausgeeilt. Deshalb tun wir gut daran, Technologie und Kultur wieder besser zu verknüpfen. In Klein- und Mittelbetrieben gibt es dafür besonders gute Voraussetzungen.

Wissenspartnerschaften eingehen

Statt Angst zu haben, dass die Mitarbeiter mit ihrem Wissen bald wieder abwandern, ist es zielführend, Mut zur Partnerschaft zu haben. Zur Wissens-Partnerschaft. Natürlich stehen viele Unternehmen immer wieder vor dem Problem, dass sie wertvolle Mitarbeiter verlassen. Die Frage ist allerdings: Muss das sein? Was hat das Unternehmen im Gegenzug getan, um

Mitarbeiter und ihr Knowhow nachhaltig an das Unternehmen zu binden? Hier zeichnet sich in vielen Branchen ein wichtiger Trend ab: Partnerschaften sind klar am Vormarsch. Immer öfter werden Mitarbeiter zu Partnern gemacht, um sie mit ihrem Knowhow für das Unternehmen zu sichern.
Auch das ist Ausdruck einer neuen Kommunikations- und Kooperationskultur, die uns in allen Bereichen weiter bringt. Und die uns das Wissen sichert, das wir zur Bewältigung von Zukunft brauchen – als Menschen und als Unternehmen. Klein- und Mittelbetriebe, die sich der Bedeutung der Fertigkeitsgesellschaft bewusst sind, können deren Herausforderungen zu konkreten Chancen und Wettbewerbsvorteilen machen.

Die neuen Standards

IT-unterstütztes Wissensmanagement in Unternehmen schlägt sich letztlich auch in neuen Standards nieder, an die sich auch KMU gewöhnen müssen. So ist es heute die Norm, dass eingehende E-Mails binnen weniger Stunden beantwortet werden, wobei diese Regel in osteuropäischen und asiatischen Regionen nicht nur für die Bürozeiten, sondern rund um die Uhr gelten. So ist es Standard, den Mitarbeiterinnen und Mitarbeitern alle relevanten Dokumente zur Verfügung zu stellen, und so ist es genauso ein Grundsatz, eine Kalenderkontrolle für alle Mitarbeiter zu nutzen, um Termine und Aufgaben rasch und kollisionsfrei definieren zu können. Das alles spart viele Ressourcen, die man im Wettbewerb besser einsetzen kann. Die Krise ist ein idealer Zeitpunkt, um derartige Standards zu implementieren. Es wird aber auch zum Prinzip werden, im Unternehmen die Funktion eines *Chief Intellectual Property Officers* wahrzunehmen – einer Führungskraft, welche die Aufgabe hat, das interne Wissen des Unternehmens nach außen hin zu schützen, etwa durch Patente und Schutzrechte. In großen Unternehmen bedeutet das einen zusätzlichen Vorstandsposten, in kleinen Unternehmen neue Verantwortung für den Unternehmer oder führende Mitarbeiter. Neuer Standard wird aber auch sein, dass die Mitarbeiterinnen und Mitarbeiter in Unternehmen nicht bloß ihren Gehaltszettel im Auge haben, sondern das Unternehmen vor allem an den persönlichen und beruflichen Entwicklungschancen messen. In flachen Strukturen geht es nicht darum, nach oben zu kommen, sondern horizontal mehr Verantwortung zu übernehmen und dafür sein Wissen und seine Fertigkeiten zu erweitern.

Eine entsprechende Begleitung von Mitarbeitern eröffnet auch vollkommen neue Formen der Kollaboration, wenn diese das Unternehmen verlassen. Die Erfahrung zeigt, dass solcherart in ihrer Entwicklung unterstützte Mitarbeiter mit dem bisherigen Unternehmen in Kontakt bleiben und kooperieren wollen. Die Netzwerke und Fäden zwischen Unternehmen werden nicht bloß auf Geschäftsführerebene, sondern auch in anderen Ebenen gespannt. Neue Standards werden aber auch darin bestehen, wie Wissen in Unternehmen vermittelt wird. Etwa im Zug einer 90-minütigen *Espresso session* im Unternehmen. Oder mit der *Scrum*-Methode: Mitarbeiter berichten jeden Tag kurz über ihre Arbeit. Ein *Scrum-Master* integriert das transferierte Knowhow – und produziert damit für das Unternehmen neues Wissen.[40] Klassische Weiterbildung im Rahmen von Seminaren oder Schulungen wird nicht mehr der Wissensvermittlungsstandard der Zukunft sein.

Neue Normen braucht es aber auch im Generieren von Innovation, die man etwa durch ein IT-unterstütztes betriebliches Vorschlagswesen fordern und fördern kann. Vor allem gilt aber: Erfolgreiches Wissensmanagement ist nicht bloß eine Frage der technischen Instrumente und Standards, sondern des Engagements und der Begeisterung aller Akteure im Unternehmen für das Schaffen, Teilen und Nutzen von Wissen.

Kapitel 8

Der Mittelstand und die IT-Revolution

„Man vergisst immer wieder, auf den Grund zu gehen. Man setzt die Fragezeichen nicht tief genug."

Ludwig Wittgenstein

„Der einzige Mensch, der sich vernünftig benimmt, ist mein Schneider. Er nimmt jedes Mal neu Maß, wenn er mich trifft, während alle anderen immer die alten Maßstäbe anlegen in der Meinung, sie passten auch heute noch."

George Bernhard Shaw

„Seien Sie immer offen für Neues. Suchen Sie die Veränderung. Nur wenn Sie Ihre Ansichten und Gedanken ständig überprüfen, werden Sie Fortschritte machen."

Dale Carnegie

An der IT-Revolution kommt niemand vorbei.[41] Was wir heute erleben und nutzen – von der globalen Wissensenzyklopädie bis zum lokalen Amtshelfer – ist erst der Anfang einer Entwicklung. IT und die damit verbundenen E-Anwendungen stellen in vielen Bereichen das Gewohnte in Frage und eröffnen neue Perspektiven. Ehemals starre Grenzen zwischen Beruf und Privatleben, zwischen Unternehmen und Kunden lösen sich in der E-Welt auf.

Die Informationstechnologie ist für den Mittelstand unbestritten eine Herausforderung. Aber sie ist eine noch viel größere Chance.[42] Sie innoviert mit den Unternehmensstrukturen die Art des Wirtschaftens in einer globalisierten Wirtschaftswelt. Jene Unternehmen, welche die Informationstechnologie strategisch fundiert nutzen, können sich dadurch wichtige Wettbewerbsvorteile verschaffen. Unternehmen, die im IT-Bereich keine Entwicklungsbereitschaft zeigen, laufen Gefahr, dem Struktur- und Technologiewandel zum Opfer zu fallen. Je besser wir den Innovationsprozess durch IT verstehen, desto besser können wir ihn nutzen. Denn IT ist auf das Engste mit Innovation und mit Wachstum in der globalen digitalen Welt verbunden.

Die Herausforderungen

Drei große Entwicklungslinien sind zu beachten, wenn wir über die Bedeutung von IT für Klein- und Mittelbetriebe reden:

- Die eigentliche IT-Revolution steht uns noch bevor. Sie betrifft den Kern von Unternehmen ebenso wie den Kern der öffentlichen Verwaltung. Ein Klein- und Mittelbetrieb kann mit einer entsprechenden IT-Infrastruktur eine Marktwirksamkeit wie ein großes Unternehmen entfalten. Und der öffentliche Sektor kann mit einer entsprechenden IT-Kultur den Bürgern wie ein modernes, dienstleistungsorientiertes Unternehmen entgegentreten. Wichtig: Wer bei der IT-Revolution an vorderster Front sein will, muss immer das strategische Ziel vor Augen haben, das einem die IT eröffnet – der darf nicht bloß Kleingeld zählen.

- Die Verbreitung von IT fordert und fördert Demokratisierungsprozesse auf allen Ebenen. Das zeigt sich nicht nur im politischen Geschehen weltweit oder auch in der Weiterbildung, wo Seminare und sogar Business Schools elektronisch ubiquitär zugänglich sind. Das zeigt sich auch in der Veränderung der Beziehungen zwischen Unternehmen und Kunden. Die elektronisch unterstützte Artikulation des Kunden gegenüber Unternehmen ermöglicht eine noch nie dagewesene Form der Individualisierung der Beziehung zwischen Unternehmen und Kunden.
- Drittens unterliegt die IT als Innovations- und Wachstumsdisziplin selbst einem Veränderungsprozess. Sie ist keine „Geheimwissenschaft" mehr. Prozesse sind standardisiert, die *Open-Source*-Bewegung zeigt, dass Offenheit mehr Innovation und Weiterentwicklung bringt. Für Klein- und Mittelbetriebe wird dieses Potenzial durch Berater transparent und zugänglich gemacht. Im Unternehmen braucht man nicht die volle IT-Kompetenz, sondern nur das notwendige Verständnis für IT und eine entsprechende Schnittstelle zum Berater. Das ist der Weg zu neuen, erfolgreichen Geschäftsmodellen, Partnerschaften und Märkten.

Vor dem Hintergrund dieser drei großen Entwicklungslinien ist die strategische Auseinandersetzung von Klein- und Mittelbetrieben mit dem Thema IT zu fördern und zu fordern.

Zurück zum Kern

In meinem Buch *Die IT-Revolution* habe ich die grundlegenden Veränderungen durch IT für die Unternehmen angesprochen: In einer wirtschaftlich wenig vernetzten Welt mit vergleichsweise hohen Transaktionskosten war es notwendig, alle unter-

nehmensrelevanten Prozesse, Transaktionen und Interaktionen zu integrieren – auch jene, die nicht zum primären Geschäftsziel und nicht zu den Kernkompetenzen gehören. Der Verfall der Transaktionskosten brachte für viele Unternehmen eine vollkommen neue Situation: Es wurde und wird nun auch ökonomisch attraktiver, bestimmte Unternehmensfunktionen auszulagern und sich auf das Kerngeschäft zu konzentrieren.
Fokussierung ist seither zu einer Erfolg versprechenden Unternehmensstrategie geworden. Ergebnis von Fokussierungsprozessen sind wettbewerbsfähigere Unternehmen, die vor allem das tun, was ihr eigentlicher Geschäftsgegenstand ist. Es wurde dank IT möglich, Wertschöpfungsketten und Geschäftsprozesse neu zu organisieren und dadurch die Wettbewerbsfähigkeit zu steigern. Entscheidend ist dabei vor allem, dass Informationen nun schneller in Wertschöpfungsketten hineindringen beziehungsweise zugänglich sind und so die Produktivität deutlich erhöht werden kann. Damit eröffnen sich für Klein- und Mittelbetriebe neue Chancen.

Migration des Kerngeschäfts

Die Fokussierung auf das Kerngeschäft ist aber nur eine Perspektive, die durch IT möglich wird. Die andere ist, dass sich Unternehmen auf Basis neuer, IT-gestützter Prozesse aus ihrem Kerngeschäft in ganz andere Bereiche herausentwickeln können. Das kann für KMU ebenfalls sinnvoll sein. Denn das Kerngeschäft eines Unternehmens ist eben nicht in Stein gemeißelt, sondern Teil der Marktlogik von Angebot und Nachfrage.
In unserer dynamischen Wirtschaftswelt verschwinden viele Unternehmen von der Bildfläche, weil sie auch dann noch an ihrem Kerngeschäft festhalten, wenn es dafür längst keine Erfolgsaussichten mehr gibt. *Nokia* ist das berühmteste Beispiel für einen erfolgreichen Migrationsprozess. Das Unter-

nehmen, das ursprünglich Papiererzeugnisse und dann Gummistiefel herstellte, stieg in den 1980er Jahren in die Produktion von Mobiltelefonen ein. Der Rest der Geschichte ist bekannt – und eine Erfolgsstory sondergleichen. IT hilft jedenfalls mit, das Innovationspotenzial eines Unternehmens optimal nützen und verwerten zu können – und dazu gehört auch die Innovation des Kerngeschäfts als Ganzes.

Neue Sicherheit gewinnen

Angesichts der dynamischen Wettbewerbssituation stehen mittelständische Unternehmen laufend vor der Herausforderung, die betriebliche Effizienz steigern, die Kooperation verbessern, die Kunden besser bedienen, neue Produkte und Dienstleistungen schneller auf den Markt bringen und flexibler auf neue ökonomische Gegebenheiten reagieren zu müssen. Nur das bringt mehr Krisenfestigkeit und eine stärkere Elastizität der Systeme. Wissen auszuschöpfen erhöht die Produktivitätsraten und durchdringt die Wertschöpfungsketten. Das ist der Weg zu neuer Sicherheit auch in schwierigen Zeiten. Ganz entscheidend ist es, seine Geschäftsprozesse zu optimieren und durchgängig zu informatisieren. Dafür braucht es die richtigen IT-Lösungen – und die richtige Strategie.

Strategie integrieren

Die Herausforderung für KMU besteht darin, die Unternehmensstrategie und die IT-Strategie immer stärker zu verschränken. Eine entsprechend integrierte IT-Strategie kann einen maßgeblichen Beitrag zur Verbesserung der bestehenden Wettbewerbssituation liefern und ermöglicht es dem Unternehmen, neue Potenziale und Geschäftsfelder zu erschließen. IT-Lösungen sind für KMU besonders wichtige Treiber des Wettbewerbs und insofern Agenten des notwendigen Wandels. Sie ermöglichen neue Wertschöpfungsketten und eröffnen neue Business-Prozesse. Sie fordern und fördern freilich unternehmerische Innovationskraft in allen Bereichen. Zukunftsorientierte Unternehmen integrieren daher IT in alle Unternehmensfunktionen und -prozesse sowie Businessmodelle.

Schwierige Umsetzung

So klar es in der Theorie ist, dass sich die IT eines Unternehmens mit dessen Geschäftsprozessen fortlaufend weiterentwickeln muss, so schwierig ist die Umsetzung in der Praxis. Denn hier zeigt sich, dass gerade mittelständische Unternehmen in Zusammenhang mit Investitionen in die Weiterentwicklung von IT stark auf die Kostenseite schauen – und weniger auf die Nutzenseite, auf die es mittel- und langfristig aber ankommt.

Diese Haltung ist grundsätzlich nachvollziehbar: Man muss als Unternehmen den Nutzen eines Systems und einer IT-Anwendung zu einem Zeitpunkt festlegen, zu dem dieser größtenteils noch nicht quantifizierbar ist. Damit stoßen auch traditionelle Investitionsrechnungsverfahren an ihre Grenzen. Dem ist entgegenzuhalten, dass das in unserer kompetitiven Wirtschaftswelt nahezu für jede Investition gilt. Quantitativer und qualitativer Nutzen von Investitionen lassen sich nicht auf Punkt und Beistrich berechnen, das würde höchstens in abgeschlossenen Volkswirtschaften funktionieren.

Hinzu kommt, dass die Risiken, die mit dem Unterlassen von Zukunftsinvestitionen verbunden sind, in der Regel vielfach höher sind, als deren Durchführung. Schließlich geht es bei IT-Investitionen um solche, die direkt mit dem Geschäftsprozess verknüpft sind – und damit mit der Wettbewerbsfähigkeit des Unternehmens. Die Praxis zeigt immer wieder, dass die eigentliche Kostenfalle für Unternehmen nicht im Tätigen von IT-

Investitionen, sondern in deren Unterlassung besteht. Wer in der informationstechnologischen Entwicklung hinterherhinkt, reduziert heute seine Interaktionsfähigkeit mit dem Markt – und das kann sich niemand leisten.

Den Kundennutzen erhöhen und sichern

Da die Neugewinnung von Kunden bekanntlich deutlich – je nach Branche sogar um ein Vielfaches – teurer ist als die Bindung des bestehenden Kundenstocks, hat die Ausrichtung der Geschäftsprozesse auf die optimale Serviceleistung an die Kunden und die Bindung Letzterer mit entsprechenden Programmen klare Priorität. Und dabei spielt die IT eine Schlüsselrolle. Sie ermöglicht es, Kundenwünsche und -präferenzen möglichst genau zu erfassen und auf dieser Basis die Kunden bestmöglich zu betreuen. Das Schlagwort vom 1:1-Marketing, der Idealform der Kundenkommunikation, war lange Zeit ein Versprechen. Durch die immer ausdifferenzierteren und intelligenteren IT-Anwendungen in diesem Bereich wird die individualisierte Kundenkommunikation Realität. Und darin liegen heute in immer mehr Branchen und vor allem für KMU die entscheidenden Wettbewerbsvorteile.[43]

IT richtig planen

Ein prozesshaftes Verständnis von IT ist für die Planung in Unternehmen von großer Bedeutung. IT-Planung reduziert sich in Unternehmen leider oft auf Budgetplanung. Nicht selten lautet die Devise: „Was haben wir letztes Jahr ausgegeben – da müssen wir heuer zehn Prozent kürzen". Weniger oft wird nach dem Ziel gefragt und welche IT-Investitionen dafür nötig sind. Das sind aber die entscheidenden Fragen für eine Veränderung in die richtige Richtung. Je früher IT-Berater – ob unternehmensinterne oder externe Profis ist gleichgültig – in die

Planung miteinbezogen werden, desto besser. Die Erfahrung zeigt: Das ist weder Zeit-, noch Ressourcenvergeudung. Nicht nur Produktentwickler, sondern auch IT-Experten sollten am Wort sein, wenn es um neue Dienstleistungen, Produkte und Geschäftsprozesse geht. Schließlich ist die Informatisierung von Produkten und Dienstleistungen sowie natürlich von Serviceleistungen rund um Produkte und Dienstleistungen (wie beispielsweise Online-Services) ein unaufhaltsamer Trend des Wirtschaftslebens.

Fairplay mit den „Großen"

Auf diese Weise können Veränderungsprozesse fundiert und nachhaltig in Gang gebracht und umgesetzt werden. Die IT ermöglicht für Unternehmen die wichtige integrierte Betrachtung: Vertrieb, Marketing, Kunden – alle Informationen, Rückmeldungen und Kritikpunkte zusammen bilden das Fundament für die Weiterentwicklung von Geschäftsprozessen. Dafür braucht es auf IT-Seite natürlich nutzerfreundliche Applikationen für Mitarbeiter und Kunden, denn vor allem das Wissen der Kunden ist nicht immer einfach zu erhalten. Was sagt der Markt wirklich? Wohin müssen wir gehen? Diese Frage lässt sich mit klugen, komplexen IT-Lösungen besser denn je beantworten. Darin liegt die große Chance für mittelständische Unternehmen. IT ermöglicht es dem Mittelstand, seine internen Geschäftsprozesse so zu gestalten wie es die „Großen" tun. Das bedeutet: Jederzeit einen Überblick über die Kennzahlen des Unternehmens und die damit verbundenen Entwicklungen zu haben. Diese Transparenz ist eine gute Zukunftsversicherung, um auf problematische Entwicklungen rechtzeitig reagieren zu können. Wer laufend den Ist-Stand feststellen kann, der hat dadurch mehr unternehmerische Sicherheit – und damit wiederum weitere Spielräume für neue Erfolgswege.

Die strategische Auseinandersetzung mit IT ist für Klein- und Mittelbetriebe eine Herausforderung, die nur auf den ersten Blick wie eine weitere Anforderungslast aussieht – sie ist in Wirklichkeit eine erhebliche Erleichterung und Weiterentwicklung mittelständischen Wirtschaftens. Denn die strategische Positionierung und Entwicklung von KMU kann heute maßgeblich durch IT-Lösungen unterstützt und auch forciert werden. Dies gewinnt in einer dynamischen Wirtschaftswelt immer mehr an Bedeutung für den Unternehmenserfolg. Deshalb soll IT-Beratung nicht bloß technische Herausforderungen lösen, sondern strategische Perspektiven eröffnen. Die wirklich gute Nachricht, die ich über ein Jahr nach dem erscheinen meines Buches geben kann: Das Paradigma ist langsam aber sicher dabei, auch in KMU einzuziehen.

Kapitel 9

Neue Netzwerke statt alter Strukturen

„Um Wissen zu erlangen, füge täglich etwas hinzu, um Weisheit zu erlangen, entferne täglich etwas."

Lao Tzus (Vater des Taoismus)

„Man kann ein Problem nicht mit den gleichen Denkstrukturen lösen,die zu seiner Entstehung beigetragen haben ..."

Albert Einstein

„Dass etwas neu ist und daher gesagt werden sollte, merkt man erst, wenn man auf scharfen Widerspruch stößt."

Konrad Lorenz

Wie ist unsere Wirtschaft „verfasst“? Wie sind unsere Klein- und Mittelbetriebe repräsentiert? Wie sind die Unternehmen vernetzt? Das sind wichtige Themen für mittelständische Unternehmen. Denn davon hängt auch ihre Außenwirkung in die gesamte Gesellschaft ab – und natürlich vor allem ihr wirtschaftlicher Erfolg.[44]

Es ist Tatsache, dass die Herausforderungen einer globalen Ökonomie und die Realität von traditionellen, in der Nachkriegszeit entstandenen Interessenvertretungen nicht zusammenpassen. Ein sozialpartnerschaftliches System, das Wettbewerb in nationalstaatlich kontrollierten Bahnen halten wollte, und die globale Wettbewerbsdynamik mit ihren enormen Chancen und Herausforderungen sind nicht kompatibel. Althergebrachte Interessenvertretungen unterliegen dem Insider-Dilemma: Das System innen ist in sich geschlossen und plausibel – doch die Welt draußen ist eine andere.

Neue Schläuche für neuen Wein

Weil die Dynamiken der globalen Wirtschaft völlig andere sind, ist im Hinblick auf Interessenvertretungen und Netzwerke klar: Neuer Wein gehört in neue Schläuche. Die globalen sozialen IT-Netzwerke deuten an, wie Netzwerke aussehen und vor allem funktionieren können, die wirtschaftliche Interessen bündeln und zusammenbringen. Die Potenziale der IT für direkte Kommunikation und für Feedback sind groß. Sie werden von traditionellen Interessenvertretungen – wenn überhaupt – nur höchst oberflächlich genutzt.

Große Hersteller zeigen, wo die Zukunft daheim ist: Sie wenden sich dank IT direkt an die Konsumenten, von denen sie dafür auch direktes Feedback für die Weiterentwicklung ihrer Produkte und Dienstleistungen erhalten können. Das erhöht die Markt- und Kundennähe. Unüberschaubare Strukturen und Organisationen „dazwischen“ gelten zunehmend als

Hemmnis für Erfolg. Das gilt auch für Netzwerke und Interessenvertretungen.

Die Protektionismus-Falle

Unser korporatistisches System mit seinen berufsständischen Strukturen lässt sich im Zeitalter der Globalisierung in der gewohnten Form kaum aufrechterhalten. Manche ziehen daraus die falschen Schlüsse: Sie versuchen, das Rad der Zeit zurückzudrehen und machen sich wieder für mehr Protektionismus stark. Ein Weg, der definitiv in eine Sackgasse führt. Denn unsere Wirtschaftskraft lebt von der internationalen Dynamik. Ein „Binnenmarkt Österreich" wäre der sicherste Weg nach unten.

Protektionismus ist das Problem, nicht die Lösung. Im internationalen Wettbewerb gibt es keine geschützten Häfen und auch keine Inseln der Seligen. Das haben auch die traditionellen Interessenvertretungen zur Kenntnis zu nehmen. Mit Protektionismus helfen sie ihren Mitgliedern ebenso wenig weiter wie mit Konzept-Strukturen von gestern. Es sind andere Netzwerke und Strukturen, in denen für Klein- und Mittelbetriebe die entscheidenden Zukunftschancen liegen. Jenseits der traditionellen Netzwerke, die der alten *Top-down*-Logik unterliegen, etablieren sich immer mehr neue Interessengemeinschaften, die nach dem *Grassroots*-Prinzip *bottom-up* sprießen.

Chancen sichern

Von welcher Seite droht Konkurrenz? Wer will das eigene Unternehmen an die Wand drücken oder gar übernehmen? Wie arbeiten die neuen Mitbewerber, die oft auf der anderen Seite der Weltkugel sitzen? Das sind die Fragen, mit denen sich auch Klein- und Mittelbetriebe immer stärker auseinandersetzen müssen. Es kann aber genauso der Fall eintreten, dass

sie mit Mitbewerbern auch einmal punktuell zusammenarbeiten wollen oder müssen, um gemeinsame Interessen und Marktchancen zu realisieren.
Die Anforderungen an die Netzwerk- und Kommunikationsfähigkeiten von mittelständischen Unternehmen steigen und steigen. Gute Vernetzung wirkt wie ein „Frühwarnsystem": Wer in den richtigen Netzwerken daheim ist, der kann rasch eruieren, woher ein bestimmtes Gerücht, eine bestimmte Kritik kommt sowie was dahinter steckt, und kann auch sofort in seinem Netzwerk kommunikative Gegenmaßnahmen treffen: Die richtigen Leute anrufen, Dinge klarstellen oder sie zumindest ins richtige Licht rücken – und damit allfällige Krisen- oder Negativmeldungen eindämmen, bevor sie sich noch zu den eigenen Ungunsten verbreiten können. Je stabiler und sicherer das eigene Netzwerk geknüpft ist, desto mehr Verlass ist darauf in schwierigen Situationen. Wie bestimmte Krisen und Entwicklungen in bestimmten Netzwerken beurteilt werden, bestimmt schließlich oft ihre weitere Wahrnehmung – in qualitativer wie in quantitativer Hinsicht, bei Insidern wie bei Medien.
Die kontinuierliche Mitbewerberanalyse wird auch für Klein- und Mittelbetriebe zur Selbstverständlichkeit. Wichtig dafür: Netzwerke und Informanden, die einem auf dem Laufenden halten. Diese Kontakte muss man aufbauen, pflegen und hegen.[45]
Netzwerke braucht man aber genauso, um neue Marktchancen und Kooperationen zu identifizieren und die eigenen Marktchancen zu sichern. Es ist ein Unterschied, ob man früher oder später Bescheid weiß, wo sich neue Marktchancen auftun werden.

Über Netze und Nutzen

Netzwerke sind die Antworten auf die Herausforderungen einer globalen Wirtschaft, weil sie nicht bloß Schutz wie die traditionellen Interessenvertretungen, sondern vor allem Chancen eröffnen. An diesen Gedanken müssen sich nicht nur Interessenvertretungen, sondern auch Unternehmen gewöhnen. Denn jeder Unternehmer wächst in Netzwerken auf, ohne sie aber als solche zu verstehen und zu nutzen.

Das Netzwerk-Paradigma setzt das Bekenntnis zur Eigenverantwortung und zur Gestaltung des (wirtschaftlichen) Lebens voraus. Es ist nicht kompatibel mit einer (wirtschaftlichen) Lebenseinstellung, welche die Eigenverantwortung beim Staat parkt. Das Netzwerk-Paradigma ist auch nicht kompatibel mit einer parasitären Lebenshaltung, frei nach dem Motto: Wo kann ich mehr herausholen, ohne etwas dafür zu tun? Erfolg in Netzwerken heißt vor allem, dem Netzwerk einen Nutzen zu bringen. Das gilt für alle Formen von Netzwerken. Es gilt für das Netzwerk mit den Kunden, die Expertise und Knowhow wollen – und dafür zu Fans des Unternehmens werden. Es gilt für das Netzwerk von Entscheidungsträgern, die relevante Inputs und Beiträge erwarten – und einem dafür neue Chancen und Zugänge eröffnen. Diese Netzwerk-Beziehungen gilt es zu gestalten, zu moderieren und zu nützen. Das ist die große Herausforderung für Klein- und Mittelbetriebe, die ihre Glaubwürdigkeit und Expertise ganz gezielt für die Gestaltung von Netzwerkbeziehungen nützen müssen.

Mit der Öffentlichkeit arbeiten

Die öffentliche bzw. veröffentlichte Meinung wird für Unternehmen immer wichtiger. Immer öfter kommt es vor, dass der Druck der Öffentlichkeit die Entscheidungen von Unternehmen beeinflusst. Dabei spielt bei börsenotierten Unternehmen natürlich auch der Druck der Aktionäre eine wichtige Rolle – sie wollen Renditen, und schlechte Reputation ist diesem Ziel höchst abträglich. Die Öffentlichkeit wird vor diesem Hintergrund zu einem wichtigen Partner auch für Klein- und Mittelbetriebe: Wer es schafft, sich überzeugend zu präsentieren, wer Medien ernst nimmt, wer ihre Logiken kennt und wer den Medien substanzielle Inhalte anbieten kann, der kann die mediale Öffentlichkeit auch in seinem Sinn nutzen.

Viele mittelständische Unternehmen tendieren dazu, Journalisten gering zu schätzen und den Druck, den Medienberichte erzeugen können, zu unterschätzen. Aber das ist ein Kardinalfehler. Wer im Wettbewerb steht, der sollte die Medien auf seiner Seite haben. Medienlobbying und Networking Richtung Medien sind eine unverzichtbare Investition für Unternehmen. Der kommunikative Aufwand wird in unserer Ökonomie der Aufmerksamkeit immer größer, weil die unüberschaubare Vielfalt von Produkten und Dienstleistungen Unternehmen dazu zwingt, die Positionierung ihres Betriebs und seiner *Unique Selling Proposition (USP)* in den Mittelpunkt zu stellen. Konsumenten kaufen zunehmend Werthaltungen, Positionen und Statements mit den jeweiligen Produkten und Dienstleistungen. Es ist wichtig, dass Selbstbild und Fremdbild von Unternehmen übereinstimmen. Wer medial konsistent in Erscheinung tritt, punktet nicht nur bei Kunden, sondern auch bei (künftigen) Mitarbeiterinnen und Mitarbeitern.

Bei Medien- und Lobbying-Aktivitäten ist freilich zu beachten, dass zielgerichtete Kommunikation in Richtung Medien und Entscheidungsträger stets ein aktiv zu gestaltender, mehrphasiger Prozess ist. Netzwerk-Experte David Ungar-Klein hat dies in seinem Buch *Create Connections* mit dem Modell des Kommunikationstrichters und seinen unterschiedlichen *Awareness*-Phasen präzise beschrieben.

Die Positionierungsfrage

Das alles zeigt: Es ist heute zu wenig, „nur" Unternehmer zu sein und sein Handwerkszeug perfekt zu beherrschen. Man muss konsequent daran arbeiten, die eigene Position im Wettbewerb zu entwickeln, zu sichern und zu stärken. Dafür braucht es eine klare Positionierung, die mehr ist als nur eine Marketing-Strategie.

Man muss als Unternehmer die Identität seines Betriebs auf den Punkt bringen können. Was ist das Ziel des Unternehmens? Was ist seine Mission? Was will man als Unternehmer bewegen und verändern? Das sind die Themen, die man nicht nur den Mitarbeitern, sondern auch der Öffentlichkeit überzeugend vermitteln können muss. Mit *Corporate Design, Corporate Identity, Mission Statement* oder *Claim* ist es nicht getan – das bleibt meist oberflächliche Kosmetik. Jeder Unternehmer muss schlüssig zeigen können, was den Kern und die Identität des Unternehmens ausmacht, um in Netzwerken gegenüber Kunden, Partnern und Mitbewerbern reüssieren zu können.

Netzwerk-Coaching

Natürlich stellt sich für Klein- und Mittelbetriebe die Netzwerk-Frage ganz konkret. In welchen erfolgsentscheidenden Netzwerken ist man als Unternehmer überhaupt verankert? Wohin hat man Zugang – und wohin müsste man Zugang haben? Darauf muss man im Rahmen einer Positionierungsstrategie Antworten haben. Überall ein bisschen dabei zu sein kann zu wenig sein, wenn es um die Netzwerke geht, die wirklich über attraktive Aufträge entscheiden.

Ausschlaggebend ist, dass man aufgrund der eigenen Positionierung das richtige Netzwerk identifiziert – und dazu einen Zugang findet. Denn der Wert eines Netzwerks steigt nicht mit der

Zahl seiner Mitglieder, sondern mit deren Relevanz und Status in Bezug auf ihr Business. Weltanschauliche Netzwerke spielen heute ebenso eine Rolle, wie reine Business-Netzwerke, die an Bedeutung gewinnen – auf nationaler und internationaler Ebene. Das klassische Parteibuch ist massiv auf dem Rückzug. Die interessantesten Netzwerke mit den interessantesten Persönlichkeiten haben eine große Gemeinsamkeit: Ohne Empfehlung einer Person, die Bestandteil des Netzwerks ist und als Netzwerk-Partner akzeptiert wird, wird man kaum einen Zugang finden. Deshalb ist professionelles Netzwerk-Coaching eine Dienstleistung, die auch für Klein- und Mittelbetriebe immer wichtiger wird.

Individualisierung der Interessenvertretung

Die hier nur beispielhaft angeführten Herausforderungen für Klein- und Mittelbetriebe, sich in Netzwerken zu positionieren und damit den eigenen Erfolg abzusichern, verweisen letztlich auf eine große Entwicklung: auf die „Individualisierung" der unternehmerischen Interessenvertretung nach dem *Bottom-up*-Prinzip. Nicht nur große Unternehmen, auch Klein- und Mittelbetriebe müssen proaktive Strategien entwickeln, um ihre geschäftlichen Interessen optimal durchzusetzen. Das ist auch deshalb so wichtig, weil der Großteil des Medieninteresses und des Interesses der Öffentlichkeit auf den Konzernen liegt – und nur ein Bruchteil auf den Klein- und Mittelbetrieben, die aber für einen Großteil der Wertschöpfung und der Beschäftigung verantwortlich zeichnen.
Der „Schutzschirm", den traditionelle Interessenvertretungen unbestritten lang über den Mittelstand gespannt haben, ist löchrig geworden. Das liegt an der Internationalisierung des Wettbewerbs und an neuen Technologien, die Wertschöpfungsketten jenseits der nationalstaatlichen Grenzen ermöglichen. Ob den traditionellen Interessenvertretungen eine sub-

stanzielle und damit grenzüberschreitende Reform gelingt, ist noch offen. Die Verantwortung für den eigenen Erfolg lässt sich immer weniger an Institutionen delegieren, man muss sie selbst wahrnehmen.

Persönlichkeit entscheidet

So wichtig, nutzenstiftend und wirksam die neuen Kommunikationstechnologien im Netzwerkbereich sind, so ist doch auch klar: Die Gestaltung von Netzwerkbeziehungen braucht Persönlichkeit. Es braucht eine proaktive Haltung, Zeit und Engagement, in Netzwerke zu investieren – und nicht sofort einen *Return of Investment* zu erwarten. Ein Obstbaum trägt im ersten Jahr auch nur vereinzelt Früchte.

Ein Netzwerk ist keine Konsumveranstaltung, sondern ein persönliches Investitionsprojekt. Man muss sich stets fragen, welche *Assets* man in ein Netzwerk einbringen kann und welches Netzwerk daher das richtige ist. Bei Netzwerken und Netzwerkbeziehungen steht letztlich der Mensch im Mittelpunkt. Handschlagqualität in Verbindung mit fachlicher Qualität sind die besten Garanten für ein gutes Gelingen. Einmal mehr zeigt sich: Wirtschaftlicher Erfolg hat etwas mit persönlichen, mittelständischen Tugenden zu tun.[46]

Kapitel 10

Kleine mittelständische Tugendlehre

„Karl Popper hat uns gelehrt, dass wir niemals wissen können, ob und wann wir „die Wahrheit“ gefunden haben, dass wir aber sehr wohl feststellen können, ob wir uns von der Unwahrheit entfernen – und somit der Wahrheit nähern. Das eigentlich Gefährliche an der Lüge, so scheint mir, ist deshalb nicht die Tatsache, das sie unwahr ist, sondern dass sie uns bei der Suche nach der Wahrheit vom Weg abbringt.“

Roland Baader

„Die stärksten und stabilsten Marken kommen von Herzen. Sie sind echt und nachhaltig. Ihre Basis ist so kraftvoll, weil sie auf die Stärke des menschlichen Geistes aufbauen und nicht auf Werbekampagnen.“

Howard Schultz (Gründer von Starbucks)

„Der erfolgreiche Unternehmer wird durch die unsichtbare Hand des Marktes dazu geführt, die Annehmlichkeiten des modernen Komforts den ärmsten Familien zu ermöglichen, die er nicht einmal kennt.“.

Friedrich August von Hayek

Die Herausforderungen an den Mittelstand wachsen und wachsen. Neben traditionellen Lasten wie Steuern und Abgaben sehen sich Klein- und Mittelbetriebe mit einem Amalgam an Forderungen und Ansprüchen konfrontiert, die darauf abzielen, den Betrieben Aufgaben aufzubürden, die andere nicht tragen wollen oder können.

Klein- und Mittelbetriebe können und sollen aber weder Sozialorganisationen noch Gesundheitsdienstleister sein. Es ist auch nicht ihre Aufgabe, sich um eine ausreichende Zahl von Arbeitskräften zu bemühen. Sie sind auch nicht die erste Adresse, wenn es um mehr Familienfreundlichkeit in der Gesellschaft geht. Wir müssen der Anspruchsschraube an Klein- und Mittelbetriebe gezielt entgegentreten – und klarstellen, was Aufgabe des Mittelstands in unserer Gesellschaft ist, und was nicht. Das ist eine Frage des *Mindsets* und der Werte.

Vor diesem Hintergrund verstehen sich die im Rahmen einer kurzen klein- und mittelständischen Tugendlehre nachfolgend formulierten Kardinaltugenden als Leitlinien dafür, was der ordentliche Kaufmann im Sinn der Österreichischen (Wiener) Schule der Nationalökonomie[47] braucht – und was sicher nicht. (Ich bezeichne diese bereits in meinem Buch *Die IT-Revolution* verwendeten Orientierungen nicht aus theologischen Gründen als „Kardinaltugenden“ – vielmehr ist der Begriff einer geografisch-kulturell bedingten Sprachpraxis geschuldet, die Leser und Autor wohl teilen.)

1. Unser Zugang zu Klein- und Mittelbetrieben braucht *sapientia.* Die Kardinaltugend der Weisheit ist besonders gefragt, weil anerkannt werden muss, dass die Klein- und Mittelbetriebe unser Wirtschafts- und Sozialsystem tragen. Daher müssen sie in allen Bereichen entlastet werden, statt sie weiter zu belasten. Weniger Lasten für den Mittelstand bedeutet mehr Leistung, von der die Gesellschaft profitiert. Anders formuliert: Hören wir endlich auf, an dem Ast zu sägen, auf dem wir sitzen!

2. Unser Zugang zu Klein- und Mittelbetrieben braucht *fortitudo*. Tapferkeit und Mut sind im Kampf gegen Strukturen und Bürokratien von gestern gefragt, die unseren Betrieben das Leben schwer machen. Die Bandbreite der zu Lasten der Unternehmen verzögerten oder verschleppten Reformen reicht von der Gesundheits- bis zur Verwaltungsreform. Je mehr Tapferkeit in Sache struktureller Reformen herrscht, desto größer ist die Leistungsfähigkeit der Unternehmen für Wohlstand und soziale Sicherheit.
3. Unser Zugang zu Klein- und Mittelbetrieben braucht *spes*. Hoffnung ist die Grundlage für die erfolgreiche Gestaltung des Neuen. Im globalen Wettbewerb können wir unsere Position nur durch überzeugende Innovationsleistungen sichern. Klein- und Mittelbetriebe sind offen für das Neue und leben die notwendige Flexibilität, die heute für wirtschaftlichen Erfolg unverzichtbar ist – wenn sich unternehmerisches Risiko wirklich auszahlt. Die begründete Hoffnung auf Erfolg ist seine beste Antriebskraft.
4. Unser Zugang zu Klein- und Mittelbetrieben braucht *temperantia*. Mäßigung ist hinsichtlich der Ansprüche an die Leistungen der Betriebe geboten. Denn Klein- und Mittelbetriebe sind die Motoren für Wachstum. Sie schaffen mit ihren Produkten und Dienstleistungen konkreten individuellen und gesellschaftlichen Nutzen. Sie sorgen für Beschäftigung und damit für soziale Sicherheit. Mit ihren Steuern und Abgaben finanzieren sie einen stark ausgebauten Sozialstaat. Deshalb ist es falsch, Klein- und Mittelbetriebe zu weitergehenden Verantwortungsleistungen etwa im Sozial- oder Gesundheitsbereich zu verpflichten.
5. Unser Zugang zu Klein- und Mittelbetrieben braucht *iustitia*. Gerechtigkeit muss es in unserer Gesellschaft auch für jene geben, die Leistung erbringen. Das Bekenntnis zur Leistung ist die Grundlage für Wohlstand und damit auch für soziale Sicherheit. Das mittelständische Unternehmertum steht für

die unverzichtbare Haltung, das individuelle Leben durch Leistung zu verändern und zu gestalten. Dafür braucht es gerechte (steuerliche) Rahmenbedingungen – und einen Abbau der unverantwortlichen Schuldenlast statt einem Mehr an ungerechter Umverteilung.

6. Unser Zugang zu Klein- und Mittelbetrieben braucht *caritas*. Mittelständische Unternehmen sind keine anonymen Großapparate, sondern Betriebe, in denen der Mensch mit seinen Fertigkeiten, seinem Wissen und seinen Beziehungen zu anderen Menschen im Mittelpunkt steht. Die Klein- und Mittelbetriebe sind Motoren und Agenten der Fertigkeitsgesellschaft, die den Wert des Humanums schätzt und stärkt. Klein- und Mittelbetriebe nehmen in ihrem wirtschaftlichen Handeln Maß am Menschlichen.

7. Unser Zugang zu Klein- und Mittelbetrieben braucht *fides*. Vertrauen ist die Grundlage für gelebte Freiheit. Jedes Unternehmen verkörpert die Idee der Freiheit. Die Freiheit in allen Bereichen zu sichern und zu stärken, ist eine gesellschaftspolitische Daueraufgabe. Die Freiheit der Klein- und Mittelbetriebe muss weiter gestärkt werden, statt sie durch Regulierung zu beschneiden. Nur ein Mehr an Freiheit ermöglicht es, mehr klug kalkuliertes unternehmerisches Risiko einzugehen, das wir für Wachstum, Wohlstand und Beschäftigung so existenziell brauchen.

Schlusswort

Welche Lehren sind aus der Finanzmarkt- und Wirtschaftskrise zu ziehen? Der aktuelle Ausblick am Ende des Holzwegs bietet ein fragwürdiges Bild. Die Beschäftigung mit den eigentlichen Ursachen und Konsequenzen der Finanzmarkt- und Wirtschaftskrise scheint wieder gänzlich aus dem Blickwinkel der öffentlichen Debatte gerückt. „Die Schuldigen" in Form der „gierigen Manager" und „der Wirtschaft" wurden schließlich bereits ausgemacht und abgeurteilt. Der Zug in Richtung mehr Staat fährt unaufhaltsam voran. Die Politik fährt mit, denn das verspricht in der kurzfristigen Betrachtung den meisten Erfolg bei den Wählern.[48]

Zukunftsverträgliche Entwicklung

Gibt es dazu gar keine Alternativen? Es gibt sie. Dieses Buch ist von der Überzeugung getragen, dass es Alternativen zum Staatsinterventionismus als wirtschaftlichem Allheilmittel gibt. Mit staatlichem Interventionismus von gestern lösen wir nicht die Probleme von heute und morgen. Im Gegenteil: Staatlicher Interventionismus be- und verhindert die Freisetzung unternehmerischer Kraft für die Lösung gesellschaftlicher Herausforderungen sowie für Wachstum und Wohlstand für alle. Dieses Buch ist ein Plädoyer dafür, die Schlüsselkonzepte einer zukunftsverträglichen wirtschaftlichen Entwicklung, nämlich Freiheit und die damit verbundene Verantwortlichkeit, wiederzuentdecken, freizulegen und in Gesellschaft und Politik neu zu verankern.

Werte und Menschenbilder

Das setzt allerdings voraus, dass in der Gesellschaft wieder über das geredet wird, was uns fehlt: über Werthaltungen und über Menschenbilder. Sie sind die Grundlage für jede Wirtschafts- und Sozialordnung. Bei der notwendigen gesellschaftlichen Debatte über Werte und Menschenbilder geht es darum, zu neuen, realistischen Paradigmen zu kommen, was die geteilte Sichtweise auf den Menschen und die Wirtschaft betrifft.[49]

Die lange Zeit übergangene und ignorierte *Österreichische Schule der Ökonomie* kann dafür wesentliche Orientierungspunkte bieten.[50] Denn sie formuliert jenseits des vielbeschworenen, aber nie realen *Homo Oeconomicus* ein realistischeres Menschenbild. Sie versteht unter Ökonomie die Lehre vom menschlichen Handeln. Sie eröffnet einen humanen Zugang, der sich am persönlichen Handeln und den persönlichen Zielen des Menschen orientiert. Der einzelne Mensch ist Ausgangspunkt. Das Handeln als die konkrete Entscheidung zwischen gegebenen Möglichkeiten ist Gegenstand ihrer Forschung.

- Handeln ist bewusstes Verhalten.
- Handeln ist Wollen, das sich in Tat und Wirken umsetzt und damit verwirklicht.
- Handeln liegt in der Natur des Menschen und seiner Welt.
- Handeln müssen ist dem Menschen durch die Bedingungen, unter denen er lebt, vorgeschrieben – so Ludwig von Mises.

Freiheitsfreundlich denken und handeln

Um die Chancen der Österreichische Schule der Nationalökonomie für ein anderes, krisenfesteres Paradigma für Gesellschaft und Politik zu nutzen, ist es unverzichtbar, die Denunziation dieser Lehre einzustellen. Dass „neoliberal" zum Schimpfwort verkommen ist, zeigt, wie weit der Staatsinterventionismus unsere Gedanken- und Begriffswelt bereits beeinflusst. Der Begriff *Neoliberalismus* wurde 1938 auf einer Konferenz in Paris geboren, an der unter anderen Friedrich von Hayek,

Ludwig von Mises, Wilhelm Röpke und Alexander Rüstow teilnahmen. In ihren Augen hatte das liberale *Laissez-faire*-Dogma mit zum Niedergang des Liberalismus beigetragen, das sich jegliche staatliche Einmischung verbat. Sie revidierten daher die klassische Position mit dem Begriff des Neoliberalismus dahingehend, dass der Wettbewerb einen staatlichen institutionellen Rahmen brauche, weil er sonst durch Kartell- und Monopolbildung gefährdet sei. Ein starker Staat, über der Wirtschaft stehend, solle deshalb als Schiedsrichter über den Wettbewerb wachen. Dies zeigt, wie wichtig Klarstellungen der Begriffe sind, die Gesellschaft und Politik prägen.[51] Dies zeigt aber auch: Liberales Denken ist nicht staatsfeindlich, aber immer freiheitsfreundlich.[52]

Freies Unternehmertum

Freies und eigenverantwortliches Unternehmertum zu fördern und zu fordern ist daher mehr denn je ein Gebot der Zukunft. Zum freien Unternehmertum gehört auch ein verantwortungsvoller und ehrlicher Umgang mit dem Risiko – ganz im Sinn der Tugenden des traditionellen Kaufmanns, der weiß, dass sich große Geschäfte nicht mit kleinen Risiken machen lassen. Ganz sicher ist die Finanzmarktkrise auch Ausdruck einer mangelnden und damit anti-unternehmerischen Risikokultur, in der es eben Erfolg verspricht, Risiken bestmöglich zu „verstecken". Unternehmertum arbeitet anders. „Unternehmer sind Protagonisten des Markts, der größten Revolution seit Menschengedenken. Sie reflektieren nicht nur, sie tun. Sie rauben nicht. Ihr Ethos ist ein wahrhaft christliches: Um langfristig Erfolg zu haben, müssen sie ihr Angebot so präsentieren, dass es Nutzen stiftet. Und dadurch schaffen sie Arbeitsplätze, generieren Einkommen", argumentiert Axel Glöggler.[53]
Mehr freies und eigenverantwortliches unternehmerisches Denken und Handeln in allen gesellschaftlichen Bereichen zu

fördern und zu fordern: Das ist wohl die wichtigste Lehre aus der Krise. Dies verstärkt zu propagieren und deutlich zu machen, liegt heute mehr denn je in der Verantwortung von Meinungsbildnern und Entscheidungsträgern.

Der richtige Schritt

Die Krise der Finanzen und der Wirtschaft kann nicht losgelöst von der Krise der Freiheit gesehen werden. Um die Freiheit ist es still geworden. Liberales Denken spielt im politischen Diskurs kaum eine Rolle. Die Bürger erscheinen freiheitsmüde, aber gleichheitskrank. Der Staat geriert sich als Tugendwächter und maßt sich an, den Menschen vorzuschreiben wie sie zu leben haben – was sie zu unternehmen, und was sie zu unterlassen haben.

Die große Herausforderung liegt heute darin, eine Kultur der Freiheit zu entfesseln, die ihren Namen auch verdient. Gelingt es, das mittelständische Unternehmertum von unnötigen und unbotmäßigen Lasten einer staatsfixierten Gesellschaft und Politik zumindest teilweise zu befreien, so ist das der erste, entscheidende Schritt in die richtige Richtung.

Anmerkungen

[1] Bei der Definition des Begriffs KMU orientiert sich das vorliegende Buch an der „Empfehlung betreffend die Definition der Kleinstunternehmen sowie der kleinen und mittleren Unternehmen“ der EU-Kommission. KMU werden demgemäß nach der Anzahl der Mitarbeiter (bis 249), dem Umsatz oder der Bilanzsumme (ffi 43 Mio. EUR) und ihrer Unabhängigkeit (Kapitalanteile oder Stimmrechte im Fremdbesitz <25 Prozent) als solche definiert.

[2] Dies gilt natürlich ebenso für eine Politiker-Bashing, das keinen gesunden, sinnvollen und hilfreichen Ansatz für Reformen bietet.

[3] Die Begriffsverwirrung um das Wort „neoliberal“ wurde wunderbar von HC Bauer im aktuellen „trend“; September 2009, aufgearbeitet.

[4] Im Zug der Positionierung der Wirtschaftsplattform „GO AEHAD!“ habe ich die Kernwerte wie Freiheit, Eigenverantwortung und Unternehmergeist umschrieben:

- Freiheit ist das wichtigste Element einer offenen Gesellschaft. Frei sein bedeutet, ein selbstbestimmtes Leben führen, ohne Zwang und Einschränkung seine Ziele setzen und innerhalb der allgemein gültigen Norm seine Entscheidungen treffen. Wo die Freiheit des Einzelnen berührt wird, hat jede Gewalt zu enden – auch die staatliche. Der Staat hat nur dann einzugreifen, wenn die Freiheit der Individuen verletzt wird. Seine Rolle sollte sich mehrheitlich auf den Erhalt von Recht und Freiheit beschränken. Dem Einzelnen wird durch ein Mehr an Freiheit auch mehr Verantwortung für sich selbst übertragen.
- Eigenverantwortung ist ein mit Eigentum und Wettbewerb unmittelbar verbundener zentraler Wert einer freien Gesellschaft. Das Prinzip der Eigenverantwortung basiert auf einem liberalen Ideal eines mündigen, selbstbestimmten Menschen. Die Stärkung der Eigenverantwortung führt zur Anhebung des

moralischen Niveaus und bewirkt eine Steigerung von Dynamik und Optimismus in einer Gesellschaft. Für das eigene Handeln Verantwortung zu tragen, bildet die Voraussetzung für eine marktwirtschaftliche Ordnung, die den Schlüssel zu Wohlstand und Wachstum bedeutet.

- *Unternehmergeist ist das Leitprinzip einer modernen Marktgesellschaft. Er bezeichnet unternehmerisches Handeln, das einer Vision folgt und positive Veränderung anstrebt. Unternehmergeist bedeutet die Bereitschaft und Fähigkeit, Marktchancen zu ergreifen, die gebotenen Möglichkeiten zu nutzen und nach Abwägen der Risiken erfolgreich neue Wege zu beschreiten. Der Unternehmer ist eine Persönlichkeit, die stets Großes vorhat, mit Mut und Engagement an der Erreichung seiner Ziele arbeitet und dadurch in seinem Umfeld Begeisterung und Hoffnung entfacht. Auch von jedem Arbeitnehmer sind in einer Marktwirtschaft unternehmerische Fähigkeiten gefragt, wenn auch sein Risiko im Vergleich zu jenem des Unternehmers weit geringer ist. „Die Funktion, die den wahren Unternehmer auszeichnet, liegt darin, auf eigene Verantwortung das Vermögen der Menschen zu mehren, höhere Ziele besser und ressourcenschonender zu erreichen, nicht bloß Mittel als Selbstzweck anzuhäufen." (Ludwig von Mises)*

[5] *Das wird nicht nur an AUA und Opel sichtbar, sondern durchzieht die Wirtschaftspolitik, die den Begriff „Too big to fail" in den Medien immer wieder auftaucht lässt.*

[6] *Siehe dazu Wirtschaftsbund Niederösterreich vom 9.7. 2009; Vorrang für Klein und Mittelbetriebe:*
http://www.wirtschaftsbund.at/Content.Node/02/inhalte-/news/aktuell/Vorrang-fuer-KMU.php

[7] *Siehe unter:*
http://www.salzburg.gv.at/lpi-meldung?nachrid=21567: „Steuergerechtigkeit ist, dass durch die Steuerreform 2009 rund 2,7 Millionen Menschen in Österreich heute keine Steuern zahlen. Das ist soziale Gerechtigkeit und ein wichtiger Beitrag zur Entla-

stung der niedrigen und untersten Einkommensschichten. Gleichzeitig haben wir in Österreich eine der höchsten Sozialquoten in der Europäischen Union. Das heißt aber gleichzeitig, dass auf jeden Steuerzahler mittlerweile eine Person kommt, die heute keine Steuern zahlt. Das heißt aber auch, dass der steuerzahlende Mittelstand an die Grenze seiner Leistungsfähigkeit gekommen ist."

[8] *Es ist naheliegend, den Betriebsstandort eine Autostunde von Wien in den Osten zu verlegen, wenn sich die Gesamtbelastung bei 19 Prozent Flat-Tax um diesen Faktor verkleinert.*

[9] *Der deutsche Ökonom gilt als Fachmann für die Forschungsdiziplin Schattenwirtschaft.*

[10] *Der Egalitarismus (franz.: égalité aus lat.: aequalitas „die Gleichheit") bezeichnet eine ethische, politische, ökonomische oder sozialpolitische Position, die durch Herstellung von Gleichheit die Widersprüche einer Gesellschaft aufzulösen versucht.*

[11] *Auf die Frage der Presse am 17. September 2009: „Wie werden Staaten ihre Schuldenberge denn abtragen? Über Inflation oder neue Steueren?", antwortete Philipp Vorndran, einer der Referenten des „GO AHEAD! business summit 09" im Interview: „Ich glaube nicht, dass die Staaten schon heute überlegen, die Schulden durch eine höhere Inflation zu verringern. Stattdessen werden wir vorher einen weltweiten Trend zu höheren Steuern und niedrigeren Staatsausgaben erleben. Damit drehen die Staaten eine Todesspirale an. Denn das verfügbare Geld beim Konsumenten sinkt so immer weiter, und die Steuereinnahmen steigen nur kurzfristig an."*

[12] *Siehe „Handbuch Corporate Citizenship", Herausgeber: André Habisch, René Schmidpeter, Martin Neureiter, Seite 98.. In der Definition des Unternehmers liegt der Unterschied, der hier meines Erachtens eine falsche Ausrichtung im Artikel von Gregor Schönborn bekommt: „Wer als Unternehmer oder Unternehmerin sozial handelt, sich für die Mitarbeiter und für die Bürger im Gemeinwesen engagiert, wer für das , was er produziert und ver-*

treibt, die Verantwortung im Sinne der Nachhaltigkeit übernimmt, der handelt sozial, verantwortungsvoll und ökonomisch klug, weil die gesellschaftlichen Folgekosten in Grenzen gehalten werden."

[13] *Diese kleine aber falsche Akzentuierung wird gerade durch den Artikel von Roman H. Mesicek in „Glocalist" 10/2006, Seite 30, deutlich: „Die Politik hat auch für sich die Vorteile von CSR entdeckt, denn die viel zitierte Win-Win-Situation von CSR beschränkt sich nicht nur auf Gesellschaft und Unternehmen. Schon heute übernehmen Unternehmen im kleinen Rahmen Aufgaben, die einst ausschließlich von staatlicher Seite erfüllt wurden (z.B. Lehrlings-, Gesundheits- oder Bildungsinitiativen). Dagegen ist aus Wirtschaftssicht nichts einzuwenden, jedoch sollen und können Unternehmen nicht ganz oder in großem Ausmaß die Aufgaben des Staates übernehmen".*

[14] *Für einen überwiegenden Teil der Großunternehmen ist es eine marketingorientierte Stabstelle ohne tiefe Verankerung in der Unternehmenskultur. In der gegenwärtigen Weltwirtschaftskrise war diese Stabstelle auch sofort einer der ersten Posten in denen massiv die Budgetmittel heruntergefahren wurden.*

[15] *„Mit beschönigenden Prognosen und Versicherungen, alles sei ohnehin in Ordnung, sollen schlafende Hunde nicht geweckt und fehlende langfristige Perspektiven und Konzepte übertüncht werden ... Das Gesundheitssystem ist die längste Zeit reformbedürftig und wir können uns aufwendige Finanzierungsmodelle, Fehlbelegungen und fehlende Kooperation zwischen den Krankenanstalten künftig nicht mehr leisten." Siehe dazu „MC impuls, der Newsletter für Quer-, Vor- und Nachdenker in Österreich", Seite 11.*

[16] *In einem Referat am Kongress „GO AHEAD! business summit 09" wurde die Frage nach dem Menschen (Anthropologie) in Bezug zu seinem ökonomischen Handeln zur „Österreichischen Schule der Nationalökonomie" gestellt. Es gilt, sich in den nächsten Jahren dieses Themas anzunehmen, die Herausforderung*

der wir uns gegenüber gestellt sehen, geht weit über einen neuen Begriff hinaus.

[17] *Da Partikularinteressen dem Gleichheitsprinzip widersprechen, ist es sicherlich nicht verwunderlich, wenn bald verschiedene Gruppen ebenso eine Bevorzugung wie der Bankensektor erwarten.*

[18] *Siehe dazu Nikolaus Kimla: „Die IT Revolution", Wien 2008, Seite 27: „Software muss code reviewed sein, sie muss transparent sein. Wenn ein Programmierer für ein Unternehmen eine bestimmte Funktionalität programmiert, die kein anderer mehr lesen kann, dann schafft das große Probleme. Das ist auch für IT-Consulter eine Herausforderung. Erfolgreiche IT-Consutler haben daher früh standardisierte Prozesse entwickelt, um ein transparentes Arbeiten und flexible, zukunftsoffene Lösungen für die Kunden sicherzustellen. Heute ist Open Source ein anerkannter Standard, und die Geschäftsmodelle orientieren sich statt an der Lizenz an der Dienstleistung."*

[19] *„Die chinesische Führungsebene hat bald begriffen, dass ein Wechsel von der Planwirtschaft in die Marktwirtschaft nur mittels Dezentralisierung gelingen kann, und sie diese entsprechend in ihre Überlegungen miteinbeziehen muss, um den Weg der Modernisierung erfolgreich beschreiten zu können. Doch Dezentralisation bedeutet per Definition ebenso, mehr Macht in die Hand des Volkes zu legen. Und tatsächlich dezentralisiert China, das so oft als Monolith betrachtet wird, Macht in einem größeren Ausmaß als jedes andere Land der Welt. China hat sowohl Raum für private, als auch für profitable staatliche Unternehmen geschaffen, zwei Drittel der Unternehmen des Landes befinden sich bereits in privater Hand, und es fährt fort, ein unternehmerfreundliches Umfeld zu gestalten, in dem sich Talent entfalten und gedeihen kann.*

Denn höchstes Ziel Chinas ist, eine auf Vertrauen basierende, in sich harmonische Gesellschaft zu bilden, mit einer Bevölkerung, die darauf vertraut, dass seine Regierung die Voraussetzungen für ein besseres Leben schafft, und einer Regierung, die ihr Ver-

trauen in das Volk als treibende Kraft des Fortschritts einsetzt. Das neue Modell Chinas fußt auf einer Balance zwischen den Kräften von Spitze und Basis, sodass der Lebensstandard des Volks erhöht und sein Wohlstand gemehrt werden kann". Siehe dazu „GO AHEAD! Das Magazin für visionäre Denker und Andere", 0/2009, Seite 20.

[20] *Mehr dazu in John & Dors Naisbitt: „Chinas Megatrends, die 8 Säulen einer neuen Gesellschaft", Hanser Verlag; 2009.*

[21] *Begrüßenswert ist sicherlich die derzeitige Initiative der Telekom Austria in das Breitbandnetz zu investieren.*

[22] *„Und die schlechten Nachrichten? Während Goldmann und Morgan Stanley wieder Milliarden scheffeln, ist unsere Bankenkrise noch nicht ausgestanden. Die Experten streiten sich, ob denn eine Kreditklemme die Industrie würge oder nicht – oder ob die Banken den Mittelstand erst im Herbst in die Insolvenz treiben könnten". Siehe dazu Josef Joffe in „Die Zeit" vom 31. Juli 2009, Seite 1*

[23] *Siehe dazu „GO AHEAD! Das Magazin für visionäre Denker und Andere", 0/2009, Seite 59: „Nach dem All Time High bei den Kapital-Kommittents im Vorjahr, hat sich das Fundraising 2008 mit 230 Mio. Euro im Lichte der internationalen Finanzkrise und des nationalen Private Equity-Gesetzesvakuums um 46,6% beinahe halbiert. Damit geht das zur Verfügung stehende Kapital für die Investments der nächsten Jahre zurück, wenn der Gesetzgeber nicht schnell genug reagiert und international wettbewerbsfähige Rahmenbedingungen schafft."*

[24] *Ich bezeichne diesen in der Zukunft nicht mehr möglichen Ansatz als das „Scharinger Modell". In Oberösterreich wurden in großflächiger Manier auf der einen Seite Kredite vergeben, aber gleichzeitig hat sich die Raiffeisen Landesbank auch an den Unternehmen beteiligt.*

[25] *„Wie die Zahlen belegen, ist die internationale Finanzkrise bisher trotz beachtlicher Investmenttätigkeit auch an den heimischen Wachstumskapitalgebern nicht spurlos vorübergegan-*

gen. Österreich befindet sich im EU-weiten Ranking trotz einer leichten Verbesserung gegenüber dem Vorjahr noch immer am unteren Ende des Rankings. Die heimische Private Equity- und Venture-Capital-Industrie wird zusätzlich noch vom Fehlen gesetzlicher Rahmenbedingungen für Investitionen in heimische KMU hart getroffen". Siehe dazu „GO AHEAD! Das Magazin für visionäre Denker und Andere", 0/2009, Seite 60

[26] *„Im Jahr 2008 wurden von österreichischen PE/VC- Fonds insgesamt 231 Millionen Euro an privatem Wachstumskapital in 89 kleine und mittlere Unternehmen investiert, was einem Rückgang von nur 10 Prozent entspricht und damit trotz internationaler Finanzmarktkrise noch immer deutlich über dem Wert von 2006 liegt. Eine beachtliche Leistung unter Berücksichtigung der schwierigen internationalen und nationalen Rahmenbedingungen".Siehe dazu „GO AHEAD! Das Magazin für visionäre Denker und Andere", 0/2009, Seite 59*

[27] *„Unter dem Eindruck des offensichtlichen Versagens von an den Hochschulen gelehrten Wirtschaftstheorien öffnen sich viele Selbstdenker den Botschaften der „Österreichischen Schule", haben doch deren Vertreter die Krise lange vorausgesagt, mit Begründungen, für die sie noch vor kurzem nur belächelt wurden. Die systematische Ausweitung der Kreditvergabe durch künstlich niedrige Zinsen – natürlich stets zum Zweck einer „Ankurbelung der Wirtschaft" – sorgt tatsächlich nur für ein Strohfeuer, einen künstlichen Boom, und muss zwangsläufig in einer Rezession bereinigt werden. Die mit dem billigen, wohlfeilen Kreditgeld getätigten Investitionen sind nicht nachhaltig, weil sie nicht durch reale Ersparnisse gedeckt sind. Die künstlich niedrigen Zinsen können ihrerseits nur in einem Geldsystem der monetären Planwirtschaft verordnet werden, das daher letztlich für den nur scheinbar unentrinnbaren Konjunkturzyklus (boom-bust cycle) verantwortlich ist. Von dieser Warte der Österreichischen Konjunkturtheorie aus (austrian business cycle theory) haben „Austrians" seit 2003 vor den Folgen der billigen und*

schlecht oder gar nicht gesicherten Immobilienkredite in Amerika gewarnt – vergeblich. Jetzt erst beginnt man, ihnen zuzuhören". Siehe dazu Kristof Berking: „Die Österreichische Schule der Öknomie bekommt Auftrieb", Onlineartikel im ef-magazin, Oktober 2009.

[28] „Wie wird man klassischerweise zum Milliardär? In Amerika ist diese Frage historisch erforscht worden: Handel, Eisenbahn und Internet sind unter anderem Branchen, in denen exorbitanter Reichtum möglich wurde; leider zählen Rüstungsindustrie und Sklaverei auch dazu. Während es früher immer geld-, personal- und logistikintensiv war, ist es heutzutage – etwa bei Facebook und Google – vor allem technikintensiv. Dies führt dazu, dass in ganz kurzer Zeit großer Reichtum generiert werden kann – ohne unüberwindbare Voraussetzungen. Trotz Eliten-Netzwerken und Privatschulen haben heutzutage mehr Menschen als früher zumindest grundsätzlich die Chance, in diese Sphären vorzudringen". Presseinterview mit Prof. Druyen am 19. September 2009. Seit März 2007 hält Prof. Druyen den Lehrstuhl für Vergleichende Vermögenskultur an der Sigmund Freud Privatuniversität Wien.

[29] Ebenso gilt aber auch, dass nirgends ein Mitarbeiter so viel Missstimmung verursachen kann wie in einer kleineren Einheit. Aus diesem Grund ist ein zögerliches Handeln in solchen Situation wesentlich schädigender als in großen Strukturen.

[30] Wie unrichtig und vor allem gefährlich die derzeitige politische Darstellung einiger Parteien ist, wird gerade durch den geschichtlichen Kontext unserer Stadt widerlegt. Siehe dazu: Eugen Maria Schulak, Herbert Unterköfler: „Die Wiener Schule der Nationaloknomie – eine Geschichte Ihrer Ideen, Vertreter und Institutionen", Wien 2009, Seite 21. „Von 1820 bis 1830 war der Anteil der nicht in Wien Geborenen bereits von 9,5 auf 30,5 Prozent gestiegen; 1856 lag er bei 44 Prozent. Ein Fünftel der Zuwanderer stammte aus Böhmen und Mähren, ein weiteres Fünftel aus Niederösterreich, 11,5 Prozent kamen aus den Alpenländern. Waren die Zuwanderer bis zu Jahrhundertmitte vorwie-

gend deutschsprachig gewesen, so begannen nun zunehmend Tschechischsprachige die Zuwanderungsbewegung zu tragen (vgl. Buchman/Buchmann 2006, 22f.). In einer der ersten Volkszählungen Europas 1857 wurden in Wien mit seinen Vorstädten und Vororten 476.222 Menschen erfasst: 1869 waren es 607.507 und 1888 bereits 1,3 Millionen (vgl. Meyers Konversations-Lexikon 1888–1891). Im Verlauf des gesamten 19. Jahrhunderts wuchs die Bevölkerung um das Siebenfache. Wien wurde zur Großstadt, nach London, Paris und New York zur viertgrößten Metropole der Welt. Erst 1871 rückte Berlin vor und Wien nahm für längere Zeit den fünften Platz ein."

[31] „Denn jetzt beginnt eine Berechnung ganz anderer Art: Wer ist eigentlich noch da, und wer ist mit wem verbunden? Man kann es den Beginn einer großen, gesellschaftlichen Verwaisung nennen. Alle diese fünfzehn Millionen Haushalte verlieren durch den Erbfall einen relativ nahen Verwandten, die meisten einen oder beide Elternteile. Während Großväter und Großmütter, Väter und Mütter abtreten, bleiben die erwachsenen Kinder zurück. Es könnte sein, dass das materielle Erbe einen riesigen Verlust an sozialem Kapital, an emotionaler und mentaler Absicherung bedeutet. Werden wir Menschen sein, die sich in Wohnungen einschließen, oder wird es uns gelingen, neue Netzwerke aufzubauen?" Siehe dazu Frank Schirrmacher: „Minimum – vom Vergehen und Neuentstehen unserer Gemeinschaft", Karl Blessing Verlag, München 2006, Seite 161.

[32] Geburtenfördernd

[33] Es würde die Thesen dieses Buches sprengen, wenn ich auf die notwendigen Maßnahmen in diesem Bereich einginge.

[34] „Die budgetären Folgen der Krisenintervention des Staats werden auf Jahre hinaus den Spielraum für andere, zukunftsgerichtete Aufgaben des Staats verringern. Dazu kommt, dass die Kostenschätzungen offizieller Stellen in Bereichen wie Pension, Pflege, Gesundheit und Bildung viel zu optimistisch sind. Wird nichts weiter unternommen, steigt die Staatsverschuldung bis

2035 – vor allem auch durch Zinseszinseffekte – auf 128(!) Prozent. Das kostet jeden Einwohner statt rund 750 Euro (aktuell) künftig (1200 Euro pro Jahr." Siehe dazu „MC impuls, der Newsletter für Quer-, Vor- und Nachdenker in Österreich", Seite 10. Ebenso aus dem internen Papier der Industriellen Vereinigung aus dem Mai 2009 mit den oben angegebenen Daten.

[35] *Siehe dazu:*
http://portal.wko.at/wk/format_detail.wk?AngID=1&StID=469446&DstID=859

[36] *Siehe dazu:*
http://portal.wko.at/wk/format_detail.wk?AngID=1&StID=469446&DstID=859

[37] *„Geschaffen aus dem Nichts" – der kleiner Ausflug in meine Disziplin sei mir entschuldigt.*

[38] *Christian Köck und Siv Sundfaer, die „Master Minds" und kreativen Köpfe hinter dem „life medicine RESORT" haben mit diesem Projekt ein vollkommen neuartiges und einzigartiges Gesamterlebnis geschaffen. Der Begriff „Erlebnis" wird diesem Resort mehr als gerecht. Eingebettet in das südoststeirische Hügelland, nur 30 Minuten von Graz entfernt, befindet sich das life medicine Resort Bad Gleichenberg. Man findet hier eine einzigartige Kombination aus Spitzenmedizin, modernem Lifestyle und exklusivem Ambiente verbunden mit einer Gastronomie auf höchstem Niveau.Inmitten eines 20 Hektar großen Parks, der seinen Ursprung im 19. Jahrhundert hat, finden Gäste alles, was sie für ihr Wohlbefinden benötigen und ihren Aufenthalt zu einem ganzheitlichen Erlebnis macht. Das Konzept des life medicine RESORT in Bad Gleichenberg basiert auf vier Säulen:*

- *Life medicine INSTITUT – medizinisches Institut*
- *Life medicine CUISINE – prämierte Gourmet Küche*
- *Life medicine HOTEL – 4 Sterne Hotel*
- *Life medicine HEILBAD, SPA & SKINCARE,*

die hier in ihrer Perfektion umgesetzt wurden.

[39] *Hier sehe ich auch die Begrenzung von Plattformen wie Face-*

book, Xing oder ähnlichen Netzwerken. Es ist uns unmöglich, mit einer unbegrenzten Menge von Menschen in beständigem Kontakt zu bleiben. Die Sinnhaftigkeit solcher Plattformen liegt nicht in ihrer Quantität an Kontaktaufnahmen, sondern in der einmaligen Möglichkeit, mit meinen mir persönlich bekannten Menschen, die verstreut über den Erdball leben, erstmalig jederzeit zu kommunizieren.

[40] Scrum ist ein iterativer, incrementeller Management-Prozess für die Entwicklung von Produkten oder für das Managen von Arbeitspaketen. Besonders in den Bereichen, wo eine konkrete Projektplanung aufgrund der hohen Komplexität oder des hohen Veränderungsgrads weder möglich noch sinnvoll ist, entfaltet Scrum seine Stärken. Scrum basiert dabei auf den Werten des Manifests der Agilen Softwareentwicklung von 2001:

- *Individuen und Interaktionen gelten mehr als Prozesse und Tools.*
- *Funktionierende Programme sind wichtiger als eine ausführliche Dokumentation.*
- *Die stetige Zusammenarbeit mit dem Kunden hat Priorität gegenüber bloßer Vertragserfüllung.*
- *Der Mut und die Offenheit für Änderungen geht vor Erfüllung eines starren Projektplans.*

Scrum ist ein einfaches Vorgehensmodell, das wenige Festlegungen trifft. Teams bzw. Entwickler organisieren sich weitgehend selbst und wählen auch die eingesetzten Methoden. Das Vorgehen und die Methoden werden fortlaufend aktuellen Erfordernissen angepasst. Zentrales Element von Scrum ist der Sprint. Ein Sprint bezeichnet die Umsetzung einer Iteration, Scrum schlägt ca. 30 Tage als Iterationslänge vor.

Vor dem Sprint werden Anforderungen des Kunden in einem Produkt-Backlog gesammelt, auch technische Aufgaben werden dort aufgenommen. Die Anforderungen werden informell skizziert. Für einen Sprint wird ein Sprint-Backlog erstellt, in diesen werden Anforderungen übernommen, die während des Sprints

umgesetzt werden sollen. Die Entscheidung, welche Anforderungen umgesetzt werden, wird vom Kunden nach von ihm festgelegten Prioritäten getroffen.
Zum Sprint organisiert sich das Entwicklungsteam selbst, braucht also keine detaillierten methodischen Vorschriften. Die Anforderungen aus dem Sprint-Backlog werden vom Team aufgeteilt, jeder Entwickler schätzt und bewertet die ihm zugewiesenen Aufgaben.
An jedem Tag findet ein kurzes (15 minütiges) Scrum-Meeting statt. Jeder Entwickler berichtet seinen aktuellen Arbeitsfortschritt seit dem vergangenen Meeting und macht Zusagen für die Ergebnisse bis zum nächsten Meeting. Aufgetretene Probleme werden nach dem Meeting geklärt. Die täglichen Kurzmeetings dienen dem Austausch von Informationen im Team und zusätzlich zur Disziplinierung. Entwickler fühlen sich in der Regel an die im Scrum-Meeting gegebenen Zusagen gebunden.
Während des Sprints dürfen die Anforderungen aus dem Sprint-Backlog nicht geändert werden. Das Team kann sich daher ungestört auf die Umsetzung konzentrieren.
Nach einem Sprint wird das Sprint-Ergebnis einem informellen Review durch Team und Kunden unterzogen. Dazu wird das Ergebnis des Sprints (die laufende Software) vorgeführt, eventuell werden technische Eigenschaften präsentiert. Der Kunde prüft, ob das Sprint-Ergebnis seinen Anforderungen entspricht, eventuelle Änderungen werden im Produkt-Backlog dokumentiert.
[41] *Siehe dazu Nikolaus Kimla: „Die IT Revolution", Wien 2008, Seite 12. „Bis ins vergangene Jahrhundert hinein waren wir mit Unternehmen konfrontiert, deren Produktionsprozess sich seit Jahrzehnten nicht geändert hat. Bestimmte Handwerke waren – und sind – stolz darauf, dass ihre Verfahren zur Herstellung bestimmter Produkte auch über längere Zeitläufe unverändert geblieben sind. So wie's vor 100 Jahren war, ist es auch heute. Und so wird es auch in Zukunft sein, hoffen viele. Wäre da nicht die Globalisierung. Jener vieldiskutierte Prozess des ökonomischen*

Zusammenwachsens der Welt, der als ungeheure Wohlstandsmaschine fungiert und ganze Regionen – etwa gute Teile Asiens – aus Armut und Abhängigkeit befreit hat, der aber auch den unangenehmen Nebeneffekt der globalisierten Konkurrenz hat. Wettbewerber können von überall her auftauchen, mit gleichen oder besseren Produkten, und vor allem: mit viel besseren Preisen für diese Produkte. Diese neue globalisierte Wettbewerbssituation mit ihren neuen Chancen hat neue Unsicherheit für Unternehmen geschaffen. Die Gewissheit, dass es morgen so sein wird, wie es heute ist, gibt es nicht mehr."

[42] „Die IKT-Branche nimmt in Österreich eine führende Rolle ein, was Wertschöpfung, Umsatz und Mitarbeiterzahl betrifft – in Wien kommt sie sogar noch vor dem Tourismus. Deshalb trafen sich Ende September die Geschäftsführer der führenden IKT-Konzerne zu einem Medien-Round Table. Ziel der konzertierten Aktion war es, gemeinsam Bewusstsein für die Anliegen der Branche zu schaffen, was seinen Niederschlag auch im Titel der Veranstaltung fand: „IKT in Österreich – für gemeinsame Innovation und nachhaltige Wertschöpfung ... Von Produktivitätssteigerungen durch den Einsatz von IKT bis hin zur Bereitstellung von Dienstleistungen – IKT berührt heute beinahe alle Wirtschafts- und Lebensbereiche", sagte Petra Jenner, Geschäftsführerin von Microsoft Österreich. „Damit trägt die IKT-Branche maßgeblich zur Wettbewerbsfähigkeit und Innovationsdynamik des Wirtschaftsstandorts Österreich bei." Mit rund 15.000 Unternehmen – davon 8.200 in der Region Wien – stellt die IKT-Branche einen zentralen Wirtschaftssektor in Österreich dar. Diese in der Öffentlichkeit oft unterschätzte Wirtschaftskraft gelte es zu nutzen, um Österreich als wichtigen Wirtschaftsstandort und Innovationsmotor im Herzen Europas zu positionieren. Um dieses Ziel zu erreichen, sei es unumgänglich, dass die treibenden Kräfte der Branche ihre gesammelte Stärke dazu nutzen, um die Bedeutung von IKT für Österreich bewusst zu machen – wobei zwar schon einiges erreicht aber auch noch vie-

les zu tun sei." Siehe dazu bei Christoph Fellmer in der „Medianet" am 9. Oktober 2009, Seite 50.

[43] *Gerade im KMU Umfeld sind CRM-Projekte um einen wesentlichen Faktor leichter umzusetzen, wodurch auch ein Vorteil für den Mittelstand entstehen kann.*

[44] *Diese Fragen sind dieselben seit der industriellen Revolution geblieben. Der Österreichische Gewerbeverein hat bereits vor über 170 Jahre diese wichtigen Fragen an das Kaiserhaus gestellt und mit der Gründung des Vereins einen wesentlichen Baustein für die Gründerzeit gelegt. Wie die Präsidentin Margarete Kriz Zwittkovitz in ihrem Vorwort zur Ausgabe der Österreichischen Wirtschaft Nr.2, Juni 2009 geschrieben hat: „Der Österreichische Gewerbeverein sieht sich als Bindeglied zwischen Tradition und Innovation, Wissenschaft und Wirtschaft. Der Österreichische Gewerbeverein, seine Gremien, Mitglieder und angeschlossenen Verbände sehen die Stärkung des unternehmerischen Mittelstands auf Basis einer sozialen Marktwirtschaft in einem vereinigten Europa auch zukünftig als zentrale Herausforderung."*

[45] *Siehe dazu David Ungar-Klein: „Create Connections"; Linde international, Wien 2007.*

[46] *Heute machen sich auch Online-Communities das Social-Network-Konzept zu Nutze, wie z.B. Facebook, XING oder Studio VZ. Ich persönlich halte diese Online-Communities als Ergänzung oft als hilfreich, können und werden in der Wirtschaft den persönlichen Kontakt aber niemals ersetzen.*

[47] *„Die Wiener Schulde der Nationalökonomie wurde im letzten Drittel des 19. Jahrhunderts von Carl Menger in Wien begründet und stellt bis heute lebendige Lehrtradition dar. Sie nahm maßgeblichen Einfluss auf die Ausbildung und Entwicklung der modernen Sozial- und Wirtschaftswissenschaft in Europa, Japan und in den USA. Ihr Forschungsprogramm war von einer erstaunlichen Vielfalt und von durchaus unterschiedlichen Schlussfolgerungen geprägt. Geeint wurden etwas 40 Ökonomen vor allen durch die Überzeugung, dass hinter dem wirt-*

schaftlichen Geschehen als maßgebender Akteur ein subjektiv empfindendes, wertendes und handelndes Individuum steht. Im Rahmen der Wiener Schule wurden bahnbrechende Studien zu wirtschaftlichen Phänomenen wie Wert, Tausch, Preis, Unternehmergewinn oder Zins entwickelt und nach und nach zu einer umfassenden Geld- und Konjunkturtheorie ausgebaut. Die subjektivistische und individualistische Perspektive der Schule führte zu engagierten Kontroversen mit den Marxisten, der deutschen Historischen Schule und den Vertretern der Planwirtschaft bzw. des Staatsinterventionismus. Bis heute wird diese Tradition – weitgehend als Alternative zum Mainstream – unter dem Namen „Modern Austrian School of Economics" fortgeführt, unter anderem mit markanten Beiträgen zur Theorie des Geldes, des Kredites und der Finanzmärkte. Ebenso rückten Fragen zum Marktprozess, zum Informations- und Wissensmanagement, zur Rolle des Unternehmertums, zur Wettbewerbs- und Monopoltheorie, zum institutionellen Zwang sowie zur spontanen Ordnung in den Vordergrund." Siehe dazu Eugen Maria Schulak, Herbert Unterköfler: „Die Wiener Schule der Nationalökonomie – eine Geschichte Ihrer Ideen, Vertreter und Institutionen", Wien 2009, Einleitung.

[48] *„Die doktrinären Interventionisten wiederholen immer wieder, daß sie das Privateigentum an den Produktionsmitteln, die unternehmerische Tätigkeit und den Markt nicht abschaffen wollen. Auch die Anhänger der neuesten Interventionismusvariante, der deutschen ‚sozialen Marktwirtschaft', betonen, daß sie die Marktwirtschaft als das bestmögliche und wünschenswerteste gesellschaftliche Wirtschaftssystem ansehen ... Aber gleichzeitig betonen alle diese Befürworter einer Politik der Mitte mit gleicher Entschiedenheit, daß sie das Manchestertum und den Laisser-faire-Liberalismus ablehnen. Es sei notwendig, so sagen sie, daß der Staat immer dann in den Markt eingreift, wenn das ‚freie Spiel der Wirtschaftskräfte' Bedingungen hervorbringt, die als ‚sozial' unerwünscht erscheinen. Dabei ist es für sie*

selbstverständlich, daß es die Regierung ist, die in jedem einzelnen Fall zu entscheiden hat, ob ein bestimmter wirtschaftlicher Tatbestand aus ‚sozialer' Sicht als verwerflich zu gelten hat." Ludwig von Mises. Siehe dazu unter:
http://www.mehr-freiheit.de/idee/mises.html#k3

[49] *„Wie aber kann einer allein anständig handeln, wenn alle anderen sich noch gehen lassen? Der Einzelne kann es natürlich nur, wenn möglichst viele gemeinsam am Bau wahrer politischer Freiheit mitarbeiten, wenn es soziale Absicherung gibt, die ihn nicht ins Bodenlose fallen lassen, wenn sich Richter finden, die sein Recht bestätigen. Im äußersten Falle wird er aber lieber auf den Erfolg verzichten, als seine Seele und seine Ehre zu verlieren. Das Schicksal fordert aber in Wahrheit nur wenige in dieser Weise. In der Regel reicht es aus, dass jeder von den Wirtschaftsbürgerrechten einfach Gebrauch macht – und sie anderen einräumt." Siehe Hartwig von Schubert: „Vom ehrbaren Kaufmann", Harvard Business Manager; August 2009, Seite 107.*

[50] *„Folglich gebe es auch „keine wirthschaftliche Erscheinung, welche in letzter Linie nicht ihren Ausgangspunkt und ihr Maß in dem wirtschaftenden Menschen und seinen ökonomischen Erwägungen fände." Darin, so Menger, „gründet die große Bedeutung der Wertlehre für die Nationalökonomie, denn der Wert, den Güter für den einzelnen Menschen haben, ist der Ausgangspunkt aller Untersuchung, das Fundament allen theoretischen Verständnisses der Wirtschaftserscheinungen".Siehe dazu „GO AHEAD! Das Magazin für visionäre Denker und Andere", 0/2009, Seite 9.*

[51] *Vgl. Gerd Habermann: „Richtigstellungen", Olzog, 2006*

[52] *Siehe dazu Thomas Assheuer: „Sprengmeister des Denkens", „Die Zeit", 30. Juli 2009, Seite 43: „Weil der vom postmodernen Virus infizierte Liberalismus sich in der Herrschaft von Partikularinteressen erschöpfe, müssen die Idee des Kommunismus wieder ins Spiel gebracht werden, wenngleich nicht in der alten, sondern in einer neuen nicht um Saat und Eigentum zentrierten Version.*

Was er damit meint, bleibt vage, es ist allerdings kokett formuliert und gleicht der Quadratur des Kreises." Ein Zurück zu alten Konzepten wie von Thomas Assheuer über Slavoj Zizek beschrieben, dass ein Schuss Kommunismus dem Kapitalismus nicht schaden könnte, erscheint mir als ein absoluter Irrweg, weil er selbst ja keine Antwort gibt wie dies konkret funktionieren könnte.

[53] *In: Unternehmer – Verkannte Elite. Von der Kleptokratie zur Meritokratie, Olms 2009*

Literatur

BAADER, Roland: Logik der Freiheit, Ott, Thun 2000
BAADER, Roland: Geld, Gold und Gottspieler, Resch, Gräfeling 2006
BAADER, Roland: Das Kapital am Pranger, Resch, München 2005
BAADER, Roland: Freiheitsfunken, Lichtschlag, Grevenbroich 2008
BARKER, Joel Arthur: Paradigms – The business of discovering the future. W. Morrow, New York 1992
BERGER, Roland: Strategy Consultants, Diversification done right! Hamburg 2007
BORNSTEIN, David: Die Welt verändern. Klett-Cotta, New York 2004
DRUYEN, Thomas: Goldkiner, Murmann, Hamburg 2007
GEOFFEREY, James: Digitale Elite. Midas, Zürich 1997
GIBSON, Rowan: Rethinking the Future. Nicolas Brealeay, New York 1997
GRUBER, Peter: Kraftfeld Unternehmen, Signum, München 2007
HAJEK, Peter: Public Opinion Strategies – IT-Kulturen in österreichischen Unternehmen, Wien 2007
HAYEK, Friedrich A.: Der Weg zur Knechtschaft, Moderne Industrie; Landsberg am Lech 1981
HANEL, Ute: Frauen in der Informations- und Kommunikationstechnologie – Situationsanalyse und perspektivischer Ausblick. Bakkalaureatsarbeit eingereicht bei Dr. Manfred Bobrowsky, Institut für Publizistik und Kommunikationswissenschaft der Universität Wien, Sommersemester 2007
HABERMANN, Gerd: Richtigstellung, Olzog, Münschen 2006
Heilbroner/Thurow: Wirtschaft, Campus, Frankfurt/Main 2002

HEUCHER, Martin: Planen, Gründen, Wachsen. McKinsey & Company, Zürich 1999
HOPPE, Hans Hermann: Ende der Demokratie. Edition Sonderwege bei Manuscriptum, Leipzig 2004
HOPPE, Hans Hermann: Ludwig von Mises und der Liberalismus. Academia Verlag, Sankt Augustin 2006
HÜLSMANN, Jörg Guido: Die Ethik der Geldproduktion, Edition Sonderwege bei Manuskriptum, Waltrop-Leipzig 2007
KAGERMANN, Henning: Geschäftsmodelle 2010. Frankfurter Allgemeine Buch, Frankfurt 2005
KIMLA, Nikolaus: Die IT Revolution, Moden, Wien 2008
KLEIN, Naomi: Die Schock Strategie, S.Fischer, Frankfurt am Main 2007
KNOKE, William: Kühne neue Welt – Leben in der „placeless societey" des 21. Jahrhunderts. Signum, Wien 1996
KOTTER, John P.: Leading Change. Havard Business School Press, Boston 1996
KRAMES, Jeffrey A.: Jack Welch Kompakt. Verlag moderne Industrie, München 2002
KRATZENBACH, Jon R.: Real Change Leaders. Nicholas Brealey, London 1996
LENNICK/KIEL: Moral Intelligence; Redline Wirtschaft, Heidelberg 2006
MOJE, Hauke: Diversifikation aber richtig! Roland Berger Strategy Consultants, 2007
NAISBITT, John: Mind Set! HarperCollins, New York 2006
NAISBITT, John & Doris, Chinas Megatrends, Hanser, München 2009
PALICEK, Russell C.: Embracing Insanity. SAMS, USA 2000
PEPPER/ROGER: Enterprise One to One. Currency Doubleday, New York 1997
RHEINGOLD, Howard: Virtuelle Gemeinschaft. Soziale Beziehungen im Zeitalter des Computers. Addison-Wesley, München 1994

RIFKIN, Jeremy: The End of Work. Putnam, New York 1995
ROSENBERG, Donald: Open Source. M&T Books, IDG Books Worldwide, 2000
ROSS/WEILL/ROBERTSON: Enterprise Architecture as Strategy. Harward Business School Press, USA 2006
RUSHKOFF, Douglas: Die neue Renaissance. Riemann, München 2006
SCHIRRMACHER, Frank: Minimum. Blessing, München 2006
SCHIRRMACHER, Frank: Das Methusalem Komplott. Blessing, München 2004
SCHMIDPETER/HABISCH/NEUREITER: Handbuch Corporate Citizenship, Corporate Social Resposibility für Manager. Springer, Berlin 2008
SCHULAK, Eugen Maria und Unterköfler, Herbert, Die Wiener Schule der Nationalökonomie, Bibliothek der Provinz, Weitra 2009
SENGE/KLEINER/SMITH/ROBERTS/ROSS: Das Fieldbook zur Fünften Disziplin. Klett-Cotta, Stuttgart 1994
SMITH, Gregory S.: Straight to the Top – Becoming a World-Class CIO. Wiley, New Jersey 2006
STERN/STALK JR.: Perspectives on Strategy. John Wiley & Sons, Canada 1998
THUROW, C. Lester: Die Zukunft der Weltwirtschaft. Campus, Frankfurt/Main 2004
THUROW, C. Lester: Die Zukunft des Kapitalismus. Metroplitan, Düsseldorf 1996
UNGAR-KLEIN, David: Create Connections. Linde international, Wien 2007
UPTIME REPORT 2007: The Leading IT Principles. Wien 2007
WÜTHRICH/OSMETZ/KADUK: Musterbrecher. Gabler, Wiesbaden 2006
YUNUS, Mohammad: Banker der Armen, Herder, Freiburg 2009